간호대 교수 + 네 자녀의 엄마 이야기 극한직업

첫째판 1쇄 인쇄 | 2019년 3월 20일
1쇄 발행 | 2019년 3월 25일

지 은 이 | 이정열
발 행 인 | 모형중
편 집 인 | 모형중
북 디 자 인 | 이명호

발 행 처 | 포널스출판사
등   록 | 제2017-000021호

본   사 | 서울시 강북구 노해로8길 22 311호
강 북 지 점 | 서울시 강북구 삼양로 104 1층
전   화 | 02-905-9671 Fax. 02-905-9670

ⓒ포널스 2019년, 간호대교수+네자녀의엄마이야기 **극한직업**
본서는 지은이와의 계약에 의해 포널스 출판사에서 발행합니다.
본서의 내용 및 삽화 일부 혹은 전부를 무단으로 전재 및 복제하는 것은 법으로 엄격히 금지되어 있습니다.

www.fornursebook.com

※ 도서 반품과 파본 교환은 본사로 문의하시기 바랍니다.
※ 검인은 지은이와의 합의로 생략합니다.

ISBN : 979-11-5746-879-9   03330
정 가 : 12,000원

간호대 교수 +
네 자녀의 엄마 이야기

극한직업

In UNIVERSITY of WASHINGTON

이정열 지음

포널스
출판사

서문

10년 미국 유학으로 드디어 박사학위를 받았다.
미주판 한국일보 기자가 박사학위 취득에 대해 인터뷰를 하겠다고 연락해왔다.

"아이를 넷이나 키우면서 박사학위를 취득하였다면서요?"

난 신문사에서 연락한 것이 나의 박사학위 내용이 남달라서 인터뷰하자는 줄 알았는데, 그것보다는 아이를 넷 키우면서 박사학위를 마친 이유가 더 컸던 것 같았다. 시애틀에 살고 있었던 대학 동문들이 인터뷰를 해서 본인은 물론 학교 홍보도 하지 그러냐고 했지만 난 박사 논문에 대해서 보다는 아이 넷을 키운 것으로 인터뷰하고 싶지는 않아 인터뷰를 거절했다. 이제 생각해 보면, 아이 넷을 데리고 박사학위를 한 것이 기삿거리긴 했었나보다.

남편과 나는 대학 1학년 때 만나서 남편이 ROTC를 마친 후 7년 데이트를 마감하고 결혼했다. 결혼할 즈음 난 석사학위를 마쳤었고 남편은 석사과정에 입학하였다. 난 3녀 1남 중 막내딸이었고, 남편은 아들만 6명을 둔 집에 첫째 아들이었다. 자연 내 밑에는 5명의 동서가 생겼다.

남편이 석사과정을 마친 후, 두 살 된 큰딸을 데리고 미국 유학길에 올랐다. 남편은 양씨, 난 이씨라 주위에선 둘다 박사학위를 마치고 귀국하면 양씨와 이씨가 합해서 네 박사가 되는 것이라고 말하기도 했다. 사실 아이를 세 명 더 낳아 네 박사는 아니지만 십 년간 유학 끝에 부부가 모두 박사학위를 취득하였고, 자녀는 네 명을 만들어 귀국했다. 귀국 후, 둘 다 같은 대학에 교수로 근무했는데 우리 대학교 교수 중 동기 부부 교수는 우리가 유일하였다.

2016년 둘 다 퇴직을 앞두고 있을 때, 우리의 목표는 퇴직 전 네 명 아이들을 모두 결혼시키는 것이었다. 우리의 목표대로 퇴직 1년 전에 아이 넷이 모두 결혼했다. 큰딸은 24세 때 4살 연상, 같은 대학 선배와, 둘째 딸은 25세 때 전공은 같으나, 다른 대학 1년 선배와, 셋째 아들은 32세 때 한 살 아래의 근처 대학 후배와, 막내딸은 27세 때 3살 반 연하인 요리사와 결혼했다.

지금은 자녀 셋은 미국에 거주하고, 큰딸만 가까운 곳에 살고 있어서 일당 넷의 역할을 하며 우리 부부의 든든한 바람막이가 되고 있다. 현재 네 자녀가 모두 아이를 낳아 손자 3명, 손녀 3명을 두고 있다. 본래 4명의 자녀였기 때문에 우리의 목표는 손주 8명이라고 하며 현재 자녀가 한 명인 막내딸이 두 명 더 낳아 손주 8명이 되기를 희망하고 있다. 현재는 우리 부부 둘이 시작한 가족이 16명으로 늘어났다.

네 명 아이들은 자주 나에게 "엄만 우릴 어떻게 이렇게 키웠어?" 하고 묻곤 했다. 그때마다 난 네 명을 키우며 미국에서 십 년 유학하여 박사학위를 취득하였고, 그리고 귀국하여 아이들을 대학 보내고 결혼시킬 때까지 어떻게 아이들을 키웠을까 자문해 보곤 한다. 그리곤 기억나는 네 명 아이들과의 에피소드, 6형제를 둔 시댁에서 맏며느리로 지낸 얘기들을 누군가와 나누고 싶은 마음이 생겼다.

요즘 40세가 넘은 미혼 자녀를 둔 친구들도 주위에 많고, 자녀들이 대학 진학할 때까지 자녀들의 공부에 온 가족이 집중하였으나 재수는 보통으로 하는 친구들을 많이 본다. 최소한 자녀 넷이 대학 재수도 하지 않았고, 모두 우리 부부가 퇴직 전에 결혼시킨 엄마로서 "엄만 우릴 어떻게 이렇게 키웠어?" 하고 묻는 말에 조금이라도 답해보고자 하는 마음에 이 책을 쓰게 되었다.

　내가 나눈 경험들이 이 책의 독자 중 아이들을 키우는 엄마들에게, 그리고 할머니가 되어 나와 비슷한 노후를 보내고 있는 분들께 조금이라도 흥미로운 이야기가 된다면 이 책을 쓴 큰 보람이 될 것 같다.

4명의 자녀와 6명의 손주를 두고
한 살 위 영감과 친구처럼 살고 있는 할머니, 이정연 씀

서문	4

서동요 작전으로 잡은 나의 첫 사랑, 첫 여자   13

10년의 유학생활 동안 지낸 가족 이야기   19

비상시 911을 돌리렴	20
아이들과의 일주 스케쥴	26
아이들 생일파티	31
건강보험 없이도 건강하게 지내는 비결	35
여름 캠핑 여행기	38
아이들과 집일 함께 나누기	45
미국 명절 보내기	49
미국에서 아이 낳기	52
아이들의 학교 외 활동	59
우리 집 두 남자의 수술	62
두달된 아들의 한국행	66
막내 딸은 누가 키웠나	70

73	컴퓨터는 '현다이', 텔레비전은 '금성'
77	문을 두드리라 그러면 열릴 것이다
82	박사학위 자격시험
87	차 과속 티켓
90	우리 부부 말다툼

93	**한국으로 돌아온 뒤 가족 이야기**
94	아이들의 한국 적응 스트레스
98	아이들의 대학입시
110	아이들의 운전면허
113	큰딸의 이성친구
115	아이들의 결혼작전
123	아이들의 아르바이트
127	엄마, 여기 병무청 이에요
130	아이들과의 여행
135	아이들의 가족일 참여

라면은 이렇게 끓이면 돼요	138
난 참 바보처럼 살았네요	140
강아지 다이어트	144
브레인 스위치 돌리기	148
손주는 어떻게 돌보나	151
시부모님 방문하기	154
여섯 며느리의 명절 준비 변천사	157
며느리들만의 여름휴가	161
우리집 음력설 모임	164
친구 같은 시어머니	167
큰딸과의 데이트	171
저녁은 예약제	174
며느리 오리엔테이션	177
시아버지와의 추억	182
미국 사는 세 아이들 방문기	189
남편의 금연정책	195
노후를 위한 사회적 연결	198

202　　　　　　　　　　　　　　남편과의 등산
207　　　　　　　　　생전 처음이자 마지막일 결혼식 주례

212　　　　　　　　　　　　　　　　　후문

215　　　　　　　　교수 시절에 한 흥미로운 연구들
216　　　　　　자가관리를 통해 비만을 관리할 수 있을까?
218　　　　　운동하면 건강해지고, 의료비도 줄일 수 있을까?
220　　　　　　　　　국내 호스피스 정책 제안을 위한 연구
222　　　　　　　　　　　　도시와 농촌 청소년 건강 비교
224　　　　　　　　　　　　　　　남녀 대학생의 흡연율
226　　　　　　　　　　　　　　훌브라이트 연구팀에 선정

228　　　　　　　　　　　　　　　　Profile
232　　　　　　　　　　　　　Curriculum Vitae

서동요
작전으로 잡은
나의 첫 사랑, 첫 여자

　나와 남편은 대학 1학년 때 만났다. 대학 졸업 후 난 학교에 조교로 남으면서 석사과정을 시작했고, 남편은 졸업 후 ROTC 장교로 군에 입대했다. 남편의 제대 후 우린 7년의 데이트를 마치고 결혼했다. 그때 난 석사학위를 마쳤고 남편은 석사과정에 입학하였다.

　우리 대학에서는 졸업 후 25년, 50년이 되면 재상봉 행사를 아주 성대하게 하곤 한다. 우리도 1999년에 졸업 25주년 재상봉 행사를 했다. 그때 김동길 교수님은 졸업 50주년 재상봉을 했다. 졸업 25주년 재상봉 동문 중 우리 부부가 대학 동기이면서도 같은 대학에 교수로 재직하고 있었기 때문에 우리 부부에게 행사 사회가 맡겨졌다. 그 후 졸지에 우리 부부가 행사사회를 본 것이 동문 사회에서 화젯거리가 되었다. 그 후 대학 동문회보 사에서 남편에게 우리 부부 이야기를 글로 써달라는 요청이 있었다. 여기에 삽입한 글은 남편이 쓴 우리 부부 이야기인데 1999년 6월 1일 자 '연세동문회보'에 실린 글이다.

'서동요 작전'으로 잡은 내 영원한 여인
재상봉행사 사회로 애정과시...
'뜨거울 땐 주체 못 해 아이가 넷'

    1999년도 졸업 25주년 재상봉 행사 부부사회!
    재상봉 공식행사 다음 순서인 제2부 사회를 부탁받았을 때 일단 거절을 했으나, 아내와 함께 사회를 보는 영광과 흥미로움에 어쭙잖은 수락을 했다.
    그러나 막상 책임을 맡고 보니 보통 부담이 되는 일이 아니었다. 서로가 바쁜 일과를 보내고 있었기 때문에 함께 준비할 시간이 거의 없었던 관계로, 서로 '이거 해라 저거 해라' 등으로 티격태격하기도 했으며, 한때는 고성이 오가기도 했다. 심지어 유학 시절 함께 공부하느라고 고달팠던 한때의 악몽이 되살아나기도 했다.
    그런 와중에서도 우리 부부는 둘만의 특유한 신념과 저력을 발휘했다. 재상봉 동문 전체가 연세인으로서의 긍지와 일체감을 형성하고 함께 호흡할 수 있는 프로그램을 준비했다. 재학시절에 대한 슬라이드를 작성하고 중간중간 참여 동문과 상호작용할 수 있는 대화들도 가미했다.
    '졸업 50주년 재상봉 행사에서 건강히 만나자'라는 끝말로 막이 내릴 때 나는 아내의 손을 꽉 잡았다. 주변 동문들의 찬사 속에서 우리 부부는 모두가 하나 됨을 느낄 수 있었고, 우리 둘이 이들 가운데 한 사람이라는 것이 더없이 자랑스러웠다.

　우리 부부에게 연세동산은 모든 것이다. 이 동문을 만나게 된 곳도, 함께 직장을 다니게 된 것도 연세동산에서이며, 앞으로 별일이 없는 한 정년 때까지 머무르게 될 것이다. 아니 죽어서도 우리를 존재하게 해준 연세동산을 영원히 간직하게 될 것이다.

　이 동문을 처음 만난 것은 내가 국제연합학생회(UNSA)에서 활동하던 1970년 여름 하계봉사에서였다. 봉사활동 기금을 마련하기 위한 신문 가두판매에서 한 팀이 된 것은 우연이 아니었다. 지혜롭게 도와주는 이 동문에 대해서 괜찮은 사람이라는 느낌을 갖게 됐는데, 판매를 끝내고 다른 팀을 기다리는 동안 커피를 마시면서, 유난히 반짝이는 검은 눈동자에 다시금 이끌리게 됐다. 그날 우리 팀은 최단 시간에 최고액수의 판매기금을 기록해 포상으로 자장면을 공짜로 먹을 수 있는 즐거움을 안았다.

　목포 앞바다 하조도에서의 봉사활동을 계기로 나는 이 동문을 데이트 친구로 삼아야겠다고 결심했다. 같은 근로봉사부에서 그리고 우리가 주최한 초등학교 운동회에 같은 팀의 응원단장과 부단장으로 우리는 열심히 일하면서도 재미있게 활동을 했다. 봉사가 끝나고 홍도로 위로 여행을 가는 배 안에서 나는 데이트 신청을 결심했다. 그냥 하기는 쑥스러워서 내기 게임을 하자고 제의했고, 그 게임에서 당연히 내가 졌다. 상대방이 원하는 만큼 맥주 사주기였는데, 내가 져야 데이트가 이뤄질 것 같아서였다.

1970년 8월 10일 오후 6시가 우리의 첫 데이트였다. 전날 밤 꿈에 이 동문이 나타났다. 그날 아침 나는 '이 여자는 내 여자'라고 결정했다. 단단히 준비를 했지만 주머니 사정이 여의치 않아 혹시 술고래면 어떻게 하나 걱정했다. 다행히도 5백cc 한잔도 못 마시고 얼굴이 빨개졌다. 헤어지면서 전화번호를 원했지만, 그녀는 버스를 타고 총총히 사라졌다.

우리 둘은 만날 운명이었다. 그해 9월 UNSA 회원들이 창경원에서 단합대회를 했는데, 공식 일정이 끝나고 파트너를 정해서 게임을 하는 순서였다. 혹시나 기대를 했지만, 제비뽑기에서 나는 다른 여학생과 파트너가 됐다. 이 동문이 누구와 파트너가 되는가에 신경이 쓰였다. 그런데 이게 웬일인가? 그때 우리 행사 사진을 찍어주려고 초청했던 나의 친동생(당시 고대 1년)이 이 동문의 파트너가 된 것이다. 남녀학생이 각기 25명씩이었으니 그 어려운 확률 속에서 믿기 어려운 가능성이 이루어진 것이었다.

당시 이 동문을 둘러싸고 몇 명의 라이벌이 있었는데, 나는 그보다 다행스러운 일은 없다고 생각했다. 나의 의리 있는 동생은 게임이 끝난 후, 파트너끼리 타는 보트에서 침이 마르게 형을 위한 선전선동을 했다고 한다.

모두가 보트 타는 것을 끝낼 무렵 나는 이 동문에게

나와 보트 타기를 권했다. 이른바 '서동요 작전'이었다. 모두가 보는 앞에서 우리 둘이는 보란 듯이 보트를 다시 탔다. 그때 나는 번득 객기가 살아나 보트를 분수대로 행했고, 우리 둘이는 물세례를 흠뻑 받았다. 많은 사람들이 박장대소 하는 가운데 나는 라이벌들을 물리치고 이 동문의 마음을 얻을 수 있었다.

 서동요 작전 이후 우리는 하루가 멀다 하고 만나는 사이로 발전했으며, 데이트 7년 만에 결혼을 하게 됐다. 우린 둘 다 공부하기로 결정하고 어려운 학문의 길로 접어들었다. 유학 시절 힘들 때 둘이 바닷가에 앉아 하염없이 눈물을 흘린 때도 있었고, 철없는 아이들에 둘러싸여 지친 몸을 가누지 못할 때도 있었다. 싸울 때도 많았다. 그러나 뜨거울 때는 주체를 못해 지금은 아이가 넷이다. 중요한 것은 1남 3녀인데, 막내가 여식이라는 사실이다. 아들 낳기 위해서가 아니라 사랑하기 때문에 많이 낳은 것이다.

 이 동문은 그때나 지금이나 현명하면서도 발랄하다. 중년의 여유 속에서도 대학 시절의 천진난만함이 그대로 살아있다. 살면서 끊임없이 나를 깨닫게 하는 이 동문은 나의 영원한 첫사랑이자 첫 여인이다.

글: 양승함 동문

10년의
유학생활 동안 지낸
가족 이야기

비상시
911을 돌리렴

미국에서는 가정이나 학교에서 안전에 대한 교육을 철저히 한다. 아이들이 1학년에 입학하였을 때 제일 먼저 학교에서 내준 숙제는 만약 집안에서 특히 아이 방에서 화재가 났다면 어떻게 집 밖으로 나갈 것인지, 집 밖으로 나가면 가족들이 어디서 만나기로 약속했는지에 대한 숙제였다. 우리도 이 숙제를 위해 온 가족이 식탁에 둘러앉아 함께 집안 그림을 그려가며 의논을 했다. 우리는 이 층 집인 타운하우스 학교 기혼자 숙소에서 살았다. 아래층에는 거실과 부엌이 있고, 위 층에는 방이 세 개 있어서 한 방은 우리 부부가, 두 방은 아이들이 나누어 사용하였다. 기숙사에는 학교 측에서 거주 학생 가족들 모두에게 제공한 알루미늄 접이 사다리가 있었다. 이 사다리는 평소에는 접어서 방 한구석에 두었다가 여차해서 화재가 났을 때는 그 사다리를 창문 밖으로 던지면서 창틀에 손잡이를 고정하면 사다리가 풀려서 창문 밖 일 층 바닥에 닿게끔 만들어졌다. 화재가 나면 가족이 창밖으로 타고 내려가 탈출할 수 있게 도와주는 사다리였다. 우리 가족은 화재가 났을 때 어떻게 그 사다리를 창밖으로 던져서 밑으로 내려보내고 아이들이 그 사다리를 통해 밖으로 탈출하는지를 실습했다. 그리고 모든 가족이 탈출하게 되면 집 뒤뜰에 있는 큰 나무 밑에서 만나는 것으로 숙제를 완성했다.

그다음 학교에서 내준 안전에 관한 숙제는 학생이 사는 지역사회에서 안전사고가 날 가능성이 있는 곳을 찾아보는 것이었다. 아이들과 함께 동네를 걸어 다니면서 안전사고가 날 수 있는 곳을 찾아보았다. 걷다가 넘어질 수 있는 길거리가 파인 곳이라든지, 신호가 없는 동네 횡단보도라든지, 놀이터에서 아이들이 걸려 넘어질 수 있는 곳이라든지, 여러 사고가 일어날 가능성이 있는 장소를 찾아다녔다. 동네를 지도에 그려놓고 사고 가능성이 있는 곳들을 표시하고 어떻게 사고가 날 수 있겠는지에 대한 설명을 덧붙였다. 동네에서 발생할 수 있는 안전사고 지도를 지역사회사고위험지도(Community Injury Risk Map)라고 한다. 학생들은 각자 조사한 안전사고에 대한 숙제를 교실에서 발표하고 서로의 생각들을 나눈다.

1학년 때 학교에서 숙제로 내주는 안전사고 대비에 관한 과제는 학생들뿐만 아니라 가정에서도 가족이 함께 화재 발생 시에 대비할 수 있는 기회도 주었다. 또한 지역사회에서 발생할 수 있는 안전사고 가능성을 찾아내는 과제를 통해 아이들이 동네에서 발생할 수 있는 사고를 미리 예방할 수 있는 효과를 가져왔으며 일상생활에서의 안전의식을 고취시켰다. 학교에서 선생님이 교실에서 화재 예방 교육이나 지역사회 사고 발생 예방 교육을 가르치는 것보다 가족이 참여하여 실제로 일어날 수 있는 위험한 곳을 사전 숙지 함으로써 실질적인 화재재난방지와 지역사회 안전사고 예방을 가져오는 매우 효과적인 교육방법이라고 느꼈다. 어린 시절부터 일상생활에서의 안전의식을 터득하게 하고 유사시 대처할 수 있는 능력을 향상시키는 산 교육이었다.

미국 가정에서는 대체로 자녀들에게 기본적인 안전교육을 실행한다. 그것은 위험물에 대한 교육과 911에 대한 교육이다. 사고가 발생할 수 있는 위험물에 대한 교육은 아이들이 먹거나 만지면 안 되는 것들에 대해 괴물 얼굴이 새겨진 스티커를 붙이고 이렇게 괴물 스티커가 붙여진 것들은 절대 손대지 못하도록 교육하고 또한 손에 닿지 않는 곳에 두도록 스스로 조심한다. 학교 교육이 교실에서만 그치는 것이 아니고 학생과 가정이 함께 참여하여 실제로 유용한 안전교육을 받게 하는 시스템인 것이다. 이러한 체험적 생활 안전교육 때문에 미국인들의 안전의식은 놀라울 정도로 높다. 어린아이나 어른 할 것 없이 롤러스케이트와 자전거를 탈 때는 반드시 헬멧을 착용하고 심지어 무릎 및 팔꿈치 보호대를 착용하기도 한다.

위급상황일 때 911에 전화를 걸도록 하는 교육도 모든 가정에서 반드시 아이들에게 가르치는 안전관련 교육이다. 우리나라에선 응급전화번호가 119 이지만 미국에선 거꾸로 911이 응급전화 번호이다. 나도 아이들에게 본인이 생각하기에 응급상황이라고 판단되면 항상 911로 전화를 하라고 교육시켰다.

 우리 부부는 시애틀에 있는 워싱턴대학에서 공부하였는데 중간시험이나 학기말 시험이 끝나면 한인 학생들이 함께 모여 식사도 같이 하고 늦게까지 이야기꽃을 피우며 그간의 공부에 의한 스트레스를 풀곤 하였다. 중간시험을 마치고 근처에 사는 한인 학생 집에 모여 함께 식사를 하고 시간을 보내곤 했었다. 이때 아이가 있는 집은 아이들도 함께 모였는데, 다른 유학생들의 아이들은 부모가 잘 때까지 같이 깨어 있곤 했다. 이따금씩 새벽 2시까지도 모임이 지속될 때가 있었는데 그때까지 아이들도 자지 않고 놀곤 했다. 그러나 우리 아이들은 9시면 항상 잠을 자는 습관이 들어 있어서 9시가 넘으면 다들 방 한 귀퉁이에 쓰러져 잠이 들곤 했다. 미국 가정에서는 아이들은 보통 9시에 잠들게 했고 우리들은 둘이 공부를 하기 위해 미국 관습을 따르고 있었다. 하루는 우리 집은 바로 아랫집이었기 때문에 남편과 나는 자고 있는 아이들을 두 번씩 집으로 안아서 옮겼다. 아이들이 모두 곤하게 잠이 들은 것을 확인하곤 다시 윗집으로 갔다.

 그러다가 혹시 아이들이 잘 자고 있는지 확인하려고 집으로 갔다. 그런데 우리 집 쪽을 바라보았더니 집안의 모든 불이 환하게 켜져 있었다. 놀라서 현관으로 들어서는데 거인만큼 큰 경찰이 막내 아이를 안고 이 층에서 내려오고 있었다. 당황한 채로 무슨 일인가 큰

딸에게 물어보았다. 큰딸이 울먹이며 3살 된 남동생이(그때는 셋째까지 태어난 때였다) 깨어서 울기 시작하였는데 엄마 아빠는 보이지 않아 정말 응급상황이라고 생각되어 911로 전화를 건 것이라고 했다. 그때 큰딸은 8살이었다. 학교 기혼자 숙소에서 911로 전화를 한 것이라 911 본부에서 학교경찰에게 연락하여 학교경찰이 와서 막내를 안고 나가려던 참이었다. 내가 몇 분만 늦게 집에 갔더라면 경찰이 아이들을 데리고 갔을 것이고, 그럼 우린 창피를 당하고 벌금을 크게 냈어야 하는 상황이었다. 내가 너무 놀라서 큰딸을 쳐다보았다. 속으로는 '아니 애가 돌았나, 어떻게 911에 정말 전화를 걸 수가 있을까.'라고 생각했다. 내 마음을 읽었는지 큰딸이 놀란 얼굴로 나의 반응을 주시했다. 나는 큰딸을 안으며, "너무 잘했어, 네가 생각하기에는 정말 응급상황으로 생각되었겠구나, 다음에도 이런 경우에는 오늘처럼 꼭 911로 전화를 하렴." 그제서야 큰딸의 표정이 풀리며 나의 품에 안겼다. 경찰에게 '잠깐 윗집에 갔다 오는 사이에 큰딸이 동생이 우니까 응급상황으로 생각해 911에 전화를 한 것.'이라고 말했더니 "아이들에게 911 교육을 잘 시켰군요." 하고 웃으며 안았던 막내를 나에게 넘겨주었다.

나는 지금 생각해도 내가 큰딸에게 순간 판단으로 너무 잘했다고 스스로 칭찬해 주곤 한다. 정말 마음 같아선 '너 어떻게 정말 911에 전화를 할 수가 있니?' 하고 화를 내며 핀잔을 주고 싶은 심정이었다. 공연히 경찰에 신고해 난리를 폈으니 나무라고 싶었지만 이내 마음을 가라앉히고 아이의 행동을 오히려 칭찬했던 것이다. 아이들은 얼마나 놀랐겠나 하는 생각을 하면 당연히 그랬어야 했다. 순간순간 아이들의 행동에 부모가 즉각적으로 부정적인 반응을 보이진 말아야 한다고 늘 마음에 새기곤 한다.

　미국 방송에 3살 어린이가 911에 전화를 하여 엄마를 살린 방송이 나왔었다. 엄마가 음식을 먹다가 목에 걸려 쓰러지자 아이가 전화기를 들어 911을 돌렸다. 그 엄마도 아이에게 911에 대한 교육을 평소에 시킨 것이다. "우리 엄마가 울어요." 하고 전화기에 대고 말하자 911본부에서 위치 추적을 하여 즉시 요원을 출동시켰고, 목에 음식이 걸려 숨을 못 쉬고 의식이 없는 엄마를 살려내었다. 엄마와 아이가 함께 방송에 나와, "아이가 나를 살렸어요." 하고 환하게 웃는 엄마와 자랑스럽게 서 있는 아이 모습이 너무 흐뭇하게 보였다.

아이들과의 일주 스케줄

나의 네 아이들은 큰딸은 77년생, 작은딸은 80년생, 셋째 아들은 82년생, 막내딸은 88년생이다. 미국에서는 K-12라고 해서 5살에 유치원(kindergarten)부터 시작해서 고등학생인 12학년까지가 초, 중, 고등학교 교육이다. K-12 교육은 공교육에 포함되어 무료로 제공된다. 5살 전에는 어린이집에 보냈었는데, 대학교에서 어린이집 비용을 80%를 지원하여 주었다. 5살부터는 공교육인 유치원에 보낼 수 있어서 유학생이었던 우리는 아이들이 5살만 되면 무료인 공교육이 시작되어 좋아했다.

아이들이 어렸을 때 어떤 취미활동이라도 하게 해 주어야지 라고 생각했다. 부모가 유학생이라고 하여 아이들이 아무런 취미활동도 개발하지 못하고 어린 시절을 보내게 하는 것이 안타깝게 여겨졌다. 그래서 큰 딸은 초등학교 1학년 때부터 걸스카우트와 피아노를 시작했고, 둘째 딸도 1학년 때부터 바이올린을 시작했다. 월요일 하는 걸스카우트는 무료 활동이었고, 화요일 피아노와 수요일 바이올린은 각각 100불씩 레슨비를 지급했다. 스즈키 레슨이라고 해서 일주일에 한 번씩 개인레슨이 한 시간씩 있고, 목요일엔 한 시간씩 레슨을 받는 모든 학생들이 함께 모여 그룹레슨을 받았다.

월요일과 화요일에는 큰딸을, 수요일에는 둘째 딸을, 목요일에는 큰딸과 둘째 딸을 함께 데리고 그룹레슨에 갔다. 큰딸의 걸스카우트 활동은 매주 월요일 오후 6시에 특정 장소에 모여 지역사회에 도움이 되는 사회 일원으로서의 역할과 기여 방법을 배웠다. 피아노를 하는 큰딸의 그룹레슨은 사다리 타기나 카드놀이 등으로 음악 이론을 쉽게 가르쳤다. 바이올린을 하는 둘째 딸의 그룹레슨은 바이올린 레슨을 받는 모든 아이들이 초보 곡부터 제일 상급 곡까지를 한자리에서 연주했다. 제일 처음 배우는 곡은 '반짝반짝 작은 별'이었는데 모든 학생들이 같이 그 곡부터 연주한다. 그다음 곡을 연주할 땐 초보 곡만 연주할 줄 아는 학생들은 자리에 앉아서 다른 어린이들이 연주하는 것을 감상한다. 이렇게 차례차례로 연주하는 곡의 수준이 높아지면서 연주할 수 있는 학생들만 끝까지 남아 연주를 한다. 이렇게 함으로써 초보인 학생들은 어려운 곡까지 매주 듣게 되며 곡을 미리 익히게 된다. 아이들은 부모가 데리고 올 수밖에 없었으므로 난 매주 그룹레슨에 참석하여 그런 과정을 보는 게 매우 흥미로웠다.

금요일엔 아이들 모두 한글학교에 갔다. 교회에서 하는 무료 한글학교였다. 아이들이 학교에서 영어를 쓰고, 집에서는 엄마 아빠는 시간만 있으면 각자 공부를 하니 자연 아이들끼리는 영어를 쓰며 놀았다. 그나마 매주 금요일 저녁에 한 시간씩 배운 한글로 아이들이 한국에 돌아왔을 때 겨우 책 읽는 수준은 되었다.

토요일엔 아이들 모두 데리고 동네 도서관에 갔다. 두 시간 정도 아이들은 각자 읽을 책들을 찾아서 읽게 했고, 난 내 공부를 했다. 두 시간후 아이들 각자는 집에서 읽을 책을 5권씩 빌렸다. 일주일 전에 빌린 5권의 책을 모두 읽은 경우에는 집에 가는 길에 맥도날드에서 어린이세트를 사주는 게 포상이었다. 많은 사람들이 맥도날드에 평소에도 많이들 가곤했다. 그러나 우린 책을 모두 읽었을 때 포상으로만 갔다. 아이들이 빌리는 책들은 어떤 땐 그림만 있는 책들을 빌리기도 하고 각자 나름대로 흥미 있는 책들을 빌렸다. 내가 한 번도 그런 책 말고 이런 책을 읽으라고 권하진 않았다. 어릴 때부터 매주 도서관에 가서 읽을 책들을 빌려 읽곤 했던 경험 덕인지 지금도 큰 딸은 800페이지도 넘는 영문 소설을 하루에 다 읽을 정도로 책 읽는 속도가 빠르며 영어 책 읽는 게 더 편하다고 말한다.

일요일엔 아이들 셋을 데리고 내가 다니는 대학교 수영장에 갔다. 이 수영장은 50미터 국제규격의 수영장이었고, 제일 얕은 곳도 내

발이 겨우 닿을 정도로 깊은 수영장이었다. 아이들에게 특별히 수영을 가르치진 않았다. 난 왔다 갔다 하며 수영하고 있으면 아이들은 난간에 매달려 놀았다. 그러다가 언제부턴가 보드를 잡고 조금씩 발차기를 하며 놀기 시작했다. 수영장 코너에서 코너로 개 헤엄으로 조금씩 가기도 했다. 큰 딸은 개 헤엄으로 곧잘 나와 같이 수영할 정도가 되었다. 그러던 어느 날 내가 수영하고 있는데 큰 딸은 개 헤엄으로, 둘째 딸은 보드를 잡고 나를 따라왔다. 그런데 그 옆에는 아들이 배영으로 따라오고 있었다. 얼마나 놀랐는지 모른다. 어쩌다 아들이 뒤로 누워 팔을 저으니 뜨게 된다는 것을 알게 된 것이었다. 그 후론 내가 수영 할 때마다 큰 딸은 같이 수영하고, 둘째딸은 보드를 잡고, 아들은 배영으로 따라왔다.

한국에 돌아와 두 딸은 모두 대학에서 체육을 전공하게 되면서 미국서 하던 개 헤엄 수준을 넘어 정식 수영법을 배워 수영을 아주 잘 하는 수준에 이르렀다. 어느 날 큰 딸과 교육문화회관 수영장에 갔었는데 내가 25미터를 수영해 가는 동안 큰 딸은 잠수로 25미터를 와서 내가 도착할 때엔 내 앞으로 쏙 머리를 내밀곤 했다. 아들은 미국서 겨우 배영만 하던 수영 실력이었는데 군대에 갔을 때 제대로 배워 왔다고 했다.

부모가 유학생이어서 아이들이 어릴 때 못하게 되는 경험들이 없도록 가능한 신경을 썼다. 예를 들면 서커스를 간다든지, 아이들 영화를 보러 간다든지. 서커스를 갔을 때 코끼리가 우리 앞을 지나가면서 어찌나 큰 대변을 보면서 가는지 우리는 그 뒤에도 한참 그 애기를 하면서 웃었다. 크리스마스 땐 돈을 모았다가 호두까기 인형을 보러 가곤 했다. 한국에 돌아온 첫해에도 크리스마스 때 호두까기 인형을 보러 갔다. 아이들이 어릴 때만 가질 수 있는 가족이 함께 한 행복한 추억들을 갖게 해주고 싶었다.

  미국에서의 10년간 아이들의 월요일부터 일요일까지 모든 레슨은 내가 운전해서 데리고 갔다. 난 학교에서 오후 4시경 자전거를 타고 집으로 돌아와 급히 식구들의 저녁 식사를 해결한 후 5시 반 경에는 6시부터 하는 아이들의 모임에 매일 해당하는 아이들을 데리고 나갔다. 같이 박사과정 중이었던 남편은 매일 집에 남아있던 아이들을 돌보았다. 윗집 유학생 가정의 딸도 우리 큰딸과 같이 피아노 레슨을 하러 다녔는데 그 집은 매일 아빠가 딸을 데리고 다녔다. 난 매일 아이들을 데리고 다니며 아이들의 모임을 돌보는데 내 남편은 한 번도 아이들을 레슨에 데리고 다니지 않는다고 불평하기도 했다. 그러나 나머지 아이들을 남편이 돌보아 주었기 때문에 모든 아이들이 필요한 활동들을 할 수 있었다는 것을 뒤늦게 깨달았다. 나는 매일 해당하는 아이 하나를 데리고 나갔지만, 남편은 그보다 많은 아이들을 집에서 돌보았던 것이니 남편의 수고가 더 컸을 것이라는 생각을 뒤늦게 하게 된 것이다.

아이들 생일파티

　미국에서 제일 신경 쓰이는 게 아이들 생일파티였다. 다른 아이들의 생일파티는 스케이트장에서 하기도 하고 맥도날드에서 하기도 하고 놀이터를 빌려 하기도 하였다. 그러나 유학생인 우리는 비용 절감을 위해 항상 집에서 생일파티를 했다. 다행히 큰 딸 생일은 12월 21일, 셋째 아들 생일은 8월 12일 모두 방학 때라 부담이 없었는데, 둘째 딸 생일은 12월 10일로 항상 학기말 시험 때였다. 넷째 막내딸은 7월 27일이라 주위 사람들 중에서는 내가 아이들을 계획적으로 둘은 여름방학에 둘은 겨울방학에 낳았냐고 하기도 했지만 네 명 모두 우연일 뿐이었다.

아이들 생일 때 항상 준비한 것은 생일케이크를 만드는 것과 아이 친구들 선물 준비와 핀야다(Pinnata) 만들기, 그리고 생일 음식 준비였다. 생일 때 초대할 친구 리스트를 만들고 초대장을 만들어 친구들에게 일 주 전에 미리 주어야 했다. 대개는 5~7명 정도의 친구들을 초대했다. 생일케이크는 케이크 가루와 생크림을 슈퍼에서 사서 케이크를 구운 후 위에 생크림에다 색료를 섞어 장식을 하곤 했다. 딸들 생일 때는 예쁜 핑크빛 하트 모양이나 초록색 나무 모양의 케이크를, 아들 생일 때는 빨간 자동차나 파란 비행기 모양의 케이크를 만들었다. 직사각형 틀에 케이크를 만든 후, 만들고 싶은 모양에 따라 케이크를 자른다. 그리곤 생크림에 원하는 색료를 섞어 모양을 낸 후, 초콜릿 등으로 장식하면 완성되었다. 케이크 위에 놓는 촛불은 매직 캔들이라고 해서 불을 끄면 다시 불이 켜지곤 해서 아이들은 여러 번 불고 또 불고하면서 까르륵 웃곤 했다. 축하해 주러 온 아이 친구들을 위한 선물은 작은 종이봉투에 초콜릿, 연필, 등 아이들이 좋아할 물건들을 몇 개 넣어 집 여기저기에 숨겨 놓는 것이다. 좁은 유학생 집이니 선물을 숨길 장소가 많진 않았지만 커튼 밑, 피아노 옆, 부엌, 위 층 등등 선물을 숨긴 후 아이들이 보물찾기처럼 찾게 하는 것이다. 그냥 선물을 나눠 주는 것 보다 이렇게 보물찾기를 하면 시간도 잘 가고 모두 즐겁게 찾으며 좋아들 했다.

생일 때마다 준비해야 하는 것 중 빠지지 않는 것은 핀야다 였다. 이것은 큰 풍선을 불어서 빵빵하게 만든 후 끝을 잘 묶는다, 그리고 풍선 겉에 잘게 자른 신문지에 풀을 붙여 여러 겹 붙인다. 밀가루 풀을 물게 쑤어 신문지를 잘게 잘라 풍선 위에 계속 겹겹이 바르는 것이다. 풀 바른 신문이 풍선 가장자리에서 잘 마르도록 이삼일 전에 준비해 두어야 한다. 잘 마른 걸 확인한 후 풍선 위쪽 부는 쪽을 잘라내서 작은 구멍을 만든다. 그러면 풍선은 바람이 빠져 작아져도 신문지는 그대로 풍선 모양을 유지한다. 풍선 위의 구멍으로 여러 종류의 캔디들을 하나씩 밀어 넣은 후 작은 구멍을 다시 신문으로 봉한다. 풍선에 신문을 바르기 전에 반드시 줄을 풍선 가장자리에 둘러서 풍선 끝으로 줄이 나오도록 해야 한다. 캔디를 모두 신문 풍선에 넣은 후 끝에 나와 있는 줄을 문기둥이나 천장에 매달아 놓는다. 아이들이 식사를 한 후엔 이 피냐다를 장난감 방망이로 번갈아 치게 한다. 캔디가 나올 때까지 치도록 하는 것이다. 몇 번을 돌아가며 치다보면 한 귀퉁이가 터지면서 캔디가 쏟아져 나온다. 아이들은 신난다고 쏟아진 캔디를 줍곤 하였다. 처음에는 우리가 이 피냐다를 신문지를 여러 겹 많이 발라 너무 강하게 만든 것이었다. 그래서 아이들이 아무리 방망이로 쳐도 쳐도 터지질 않았다. 할 수 없이 손으로 신문지를 찢어서 캔디가 나오도록 한 적이 있었다. 아이들이 네 다섯 번 정도 돌아가면서 치면 터지도록 신문지를 적당히 발라야 했다. 지금도 아이들은 생일 때마다 이 피냐다를 방망이로 터트려서 캔디를 주어 먹었던 것을 너무 행복한 추억으로 말하곤 한다.

 생일 음식으로 나의 십팔번은 스파게티, 감자 샐러드, 닭 다리 오븐구이, 마늘 빵이었다. 한국에 돌아와서도 아이들 생일 때마다 이 음식들을 준비하곤 했다. 둘째 딸은 한국에 돌아와 맞은 첫 번째 생일날 반 전체 여학생 거의 30명을 모두 초대하였다. 둘째 딸은 1980년에 태어났는데 이때가 베이비붐 세대라 하여 학교 한 반에 65명 정도가 될 정도로 학생 수가 제일 많았다. 아이들 생일 때마다 만드는 스파게티를 시어머니는 너무 좋아하셨다. 시어머니는 내가 만든 스파게티가 어디서 먹는 스파게티보다도 제일 맛있다고 하시며 나를 격려하시곤 했다. 시어머니는 항상 "큰 며느리가 시간이 없어서 못 해서 그렇지, 했다 하면 뭐든지 맛있게 잘 만든다."며 칭찬하시곤 한다.

매해 네 아이의 생일파티를 집에서 하곤 했었는데, 아이들이 중학생이 되면서부터는 친구들끼리 밖에서 생일파티를 하면서 나의 아이들 생일파티 준비는 끝이 났다.

건강보험 없이도
건강하게 지내는
비결

　유학생 부부가 건강보험을 들기엔 엄두가 나질 않았다. 그래서 몇 년간 건강보험 없이 지났다. 몇 년 후 연구원을 하게 되면서 온 가족 건강보험이 되기까지는 건강보험이 없었다. 그래도 병원 신세 한번 안 지고 모든 식구가 건강하게 잘 살았다. 딱 한 번 둘째 딸이 생일날 놀다가 팔이 빠져서 병원에 간 적이 있었다. 팔을 이리저리 돌리며 검사를 하다 보니 빠진 팔이 저절로 제자리에 들어가 버리는 바람에 진료를 중단하고 귀가한 적이 있다. 이것이 유학 생활 10년 동안 딱 한 번 병원에 간 기억이다. 물론 아이들을 분만할 때를 빼고.

아이들이 감기에 걸리면 내가 하는 관리법은 항상 세 가지였다. 좌약으로 열 내리기, 물 많이 먹이기, 그리고 덜 먹이기. 열이 나기 시작하면 항상 항문으로 좌약 타이레놀을 넣곤 했다. 타이레놀 한 개를 아이 나이에 따라 작게 잘라서 넣거나 큰 아이인 경우에는 한 개를 통째로 넣었다. 의례 내가 좌약을 넣곤 하니까 약 넣자 하면 순순히 엉덩이를 내민다. 큰딸은 지금도 자기가 초등학생일 때도 내가 항문으로 타이레놀을 넣곤 했다고 그 느낌이 기억난다고 한다. 감기일 때는 대개 아이들이 먹은 것을 토하기 때문에 구강약보다는 좌약을 넣으면 일단 토해서 약을 다시 먹여야 하는 일은 없다.

분유를 먹는 나이의 아이가 감기에 걸리면 분유를 물게 하고 먹이는 양도 줄였다. 한번 한 아이가 감기에 걸렸다 하면 네 명이 줄줄이 옮겨가며 걸렸고, 우리 부부까지 모두 걸리고 나서야 집안의 감기 치레를 한바탕 끝내곤 했다. 감기는 바이러스가 옮기는 병이라 증상을 완화시키면 되지 다른 약이 필요하지는 않다. 열이 나면 열을 내리도록, 그리고 물을 많이 마셔서 감기바이러스가 몸 안에서 잘 살지 못하도록 하면 될 것이라 생각했다. 열이 높아지지 않도록 주기적으로 좌약 타이레놀을 넣으면 곧잘 열이 떨어지곤 했고 좀 덜 먹이고 물을 많이 먹이다 보면 며칠 지나면 거의 모든 감기는 낫곤 했다.

한번은 남편이 "여보 여보" 하며 크게 불러서 보니 코피가 난다고 놀라서 소리를 치고 있었다. 내가 "찬물로 코를 닦아주고 코를 꽉 잡아서 지혈을 시켜요." 하곤 내 하던 일을 했더니 너무 서운한 듯

코피가 났는데도 놀라지 않는다며 투덜대었다. 지금도 우린 감기로 병원에 가는 일은 거의 없다. 며칠을 열이 너무 높아지지 않게 하고 물을 많이 마시고 먹는 것을 조금 줄이면 감기가 며칠 머물다 지나간다. 감기 걸렸을 때 병원에 아이를 데리고 가느라고 부모도 아이도 지치고, 병원에서 기다리느라고 지치고, 주사 맞는 등등 도리어 조금 걸린 감기가 더 심해지기 일쑤다. 지금도 우리 집 엔 필수 약이 타이레놀 한가지다. 감기에 잘 걸리지도 않지만 걸린다 해도 타이레놀 먹는 게 전부이기 때문이다.

여름 캠핑
여행기

　미국 사는 동안 처음 몇 해를 빼고는 매 여름방학마다 캠핑을 떠났다. 여름방학이 가까워 오면 우리 부부는 이번 여름엔 어디로 캠핑을 떠날지 지도를 펴놓고 의논하기 시작했다. 항상 차 안 아이스박스에는 LA갈비를 양념해 재어 넣고 며칠 먹을 김치와 음식들을 챙겨 넣었다.

　일단 캠핑 갈 곳이 결정되면 며칠간 갈 것인지 정한다. 그 후엔 아이들을 모두 불러 놓고 캠핑을 위해 준비할 것들을 의논한다. 모두 필기도구를 가져와 다 같이 준비할 것을 기록했다. 반팔 셔츠, 긴

팔 셔츠, 반바지, 긴바지, 속옷들, 각자 원하는 장난감, 책, 숙제거리 등등 무엇을 가져가야 할지 의논했다. 아이들은 각자 가져갈 물건들을 적은 종이를 들고 각자 방으로 향했다. 학교 다닐 때 메고 다니는 가방을 모두 비운 후, 각자 필요한 내용물들을 가방에 넣는다. 난 나대로 가족여행 음식물을 준비하느라 한 번도 아이들의 여행 준비물을 봐주질 못했다. 그래서 여행 다니던 중 아이들이 입고 있는 옷들을 보며 '어머 쟤가 저런 옷을 가지고 왔네.' 하고 놀라는 적도 한두 번이 아니었다. 여행을 준비하다 보면 거의 매번 우리 부부는 의견충돌을 가져왔다. 그래서 여행 떠나기 전 며칠 전부터 냉전이 시작되었다. 그 냉전은 실제 여행을 떠나서 한두 시간 운전해 갈 때까지 지속되곤 했다. 아이들은 엄마 아빠가 또 이번에도 분위기가 이상하다는 것을 감지하고 모두 조용히 자기네들끼리 놀곤 했다.

여름 캠핑 중 가장 재미있는 일은 저녁에 불을 피워 고기를 구워 먹은 후, 뽀송뽀송한 머쉬메론을 나뭇가지에 꽂아 불에 구워 먹는 일이었다. 남편은 불을 피우고 고기를 굽는 동안, 아이들은 각자 머쉬메론을 꽂을 '좋은' 나뭇가지를 찾으러 다녔다. 길고 가늘면서도 잘 휘어져 머쉬메론을 불 가까이에서 구울 때 손이 뜨겁지 않게 되는 나뭇가지가 좋은 가지였다. 짧고 두껍고 잘 휘어지지 않는 꼬챙이 가지는 금방 손이 뜨거워져 잘 굽기가 힘들었다. 지금도 아이들이 머쉬메론을 굽던 사진들을 보면 미국 유학 생활이 힘들었어도 행복했던 가족여행의 즐거움이 새삼스럽게 떠오르곤 한다.

캠핑 장소는 지도에서 찾아서 거의 매일 옮겨가야 했다. 캠핑을 하려면 텐트를 쳐야 하고, 밥은 캠핑장 내에 전기시설을 준비해 놓은 곳을 찾아서 해오고, 물도 수도시설이 있는 곳에서 길러 왔다. 캠핑 시설은 잘 되어 있어서 음식 준비도 비교적 용이하였다. 준비해 간 LA갈비가 모두 동이 나면 소시지를 구워서 먹는 것도 별미였다. 한가지 불편한 것이 있다면 저녁에 화장실에 갈 때 맨 엉덩이를 모기가 무는 것이었다. 그래서 아이들이 모기약을 바를 때는 엉덩이에도 발라 주었다.

텐트 안에서는 식구가 모두 각자의 침낭에서 잠을 잤다. 하룻밤을 자고 난 후에는 다음 목적지로 옮겨 가야 하므로 텐트를 걷어서 짐을 싸야 했다. 몇 시간 지나면 또 텐트를 쳐야 하니까 대충 접어서 차에 싣고 가면 될 것 같건만, 남편은 어찌나 꼼꼼히 텐트를 접고 또 접고 잡아당기고 단단히 펴고 등등, 아주 꼼꼼히 텐트와 여행 짐을 싣는 작업을 하곤 하였다. 내가 "대충하면 안 돼요? 금방 또 펼 건데." 하며 불평하면, 남편은 "당신은 저 나무 밑에 앉아 있기나 해요, 내가 아이들과 텐트를 걷을 테니." 하며 아이들을 모두 동원해서 텐트를 꼼꼼히 접곤 했다. 무슨 일을 하든 세심히 점검하며 하곤 하는 남편에게 무슨 일이든 빨리 해치우는 난 항상 불만이 많았다. 그러나 그 덕에 캠핑 여행 기간 동안 별 사고 없었고, 또 그렇게 다른 점들이 아직도 친구처럼 서로 불평하면서도 잘살고 있는 비결인 것 같기도 하다.

한번은 옐로스톤국립공원으로 캠핑을 갔었다. 3박 4일을 하기로 했는데 첫날 텐트에서 자면서 아이스박스를 텐트 밖에 내놓고 잤다. 그런데 아침에 보니 아이스박스가 없어졌다. 우리는 모두 놀랐고 각자 흩어져서 없어진 아이스박스를 찾기 시작했다. 그러던 중 둘째 딸이 저쪽에서 찾았다고 소리를 쳤다. 지금도 아이들은 둘째 딸이 아이스박스를 찾았다고 했을 때 아빠가 얼마나 기뻐했는지 그 때 그 모습을 기억하고 박장대소를 하곤 한다. 그런데 그 아이스박스는 곰이 와서 그쪽으로 가져가 속에 든 내용물은 모두 비워 버린 것이었다. 곰이 왔다 갔으면 대단히 위험한 상황이었다. 만일 그 박스가 텐트 안에 있었다고 생각하면 아찔했다. 그래도 아이스박스를 찾은 기쁨에 다시 마트에 가서 얼음도 사고 내용물을 채워 무사히 캠핑 일정을 마쳤다.

우리가 미국에 가서 구입한 차는 10년간 네 대나 된다. 첫차는 800불 주고 산 옛날 서부영화에서나 나올만한 8기통 세단이었고, 두 번째 차는 천 불 정도 주고 산 9인승 스테이션 왜건 이었다. 주로 이차로 캠핑을 많이 다녔다. 뒷좌석을 눕히면 아이들이 모두 잘 수도 있었고 앞에서 카드놀이도 충분히 할 수 있었다. 어느덧 이 차가 수명을 다하여 폐차해야 하게 되었다. 이 차를 끌고 가기 위해 레커 트럭이 왔다. 나와 아이들은 폐차하러 가는 트럭 뒤를 다른 우리 차로 쫓아갔다. 큰 폐차장에 우리 차가 던져졌다. 우린 한참 동안 울먹이면서 폐차된 차 더미 속에 처박혀있는 우리 차를 바라보았다. 마치 정들었던 가족을 두고 오는 것처럼.

그 후에 우리가 산 차는 쉐비쉬보레 4기통 오토매틱이 아닌 기어식 차였다. 1980년 미국으로 간지 처음으로 1987년에 한국을 방문

했었다. 그때 보니 한국엔 오토매틱이 아닌 기어 차가 많았다. 그래서 미국으로 돌아온 후 기어 차를 사서 연습하기로 한 것이었다. 그때까지 남편과 난 누구도 기어 차를 운전할 줄 몰랐다. 천 불도 안 되게 산 중고차인데 운전할 줄을 몰라서 파는 사람에게 우리 집까지 차를 운전해 달라고 했다. 그 후에 우리 부부는 그 기어차를 대학교운동장까지 힘들게 가까스로 운전해가서 연습하였다. 시애틀은 여기저기 언덕이 많은 곳이어서 초보 기어 차 운전자로서 혼난 적이 한두 번이 아니었다.

4기통 소형차를 가지고도 우린 여름이면 캠핑을 다녔다. 그러나 차가 작아서 아이스박스만 트렁크에 싣고, 나머지 가족 짐은 차위 지붕에 올려놓은 루프셀에 실었다. 1988년에 태어난 막내딸은 내가 앞좌석에 안고, 뒷좌석은 아이 셋이 타고, 남편은 운전하고. 여행하다가 쉬면서 온 가족이 차에서 내릴 때면, 근처에서 우리를 보던 미국 노인들이 우리 식구가 도대체 몇 명이나 내리는지 세고 있었다. 그 작은 차에 어른 둘과 아이 넷이 쏟아져 나오는 것이 희한했던 모양이다.

어느 여름엔 유학생 가족들과 굴(oyster)이 많이 있는 해변가 공원에 캠핑을 갔었다. 그 공원에는 굴이 너무 많아서 굴들이 편안하게 누워 있지를 못하고 모두 쭈뼛쭈뼛 서 있는 듯 온통 굴 천지였다. 우선 텐트를 각 가족마다 치고는 즉시 준비해간 초고추장을 각자 나누어 가지고 굴 밭으로 가서 굴을 따는 대로 초고추장에 찍어 먹었다. 귀하게 먹는 굴이라 맛은 있었지만, 문제는 굴이 너무 커서 입에 넣으면 입안 가득히 굴로 꽉 차 꼭 기분 좋은 것만은 아니었다. 그래도 귀한 것이니까 실컷 먹고픈 만큼 먹은 다음, 각자 굴을 땄다. 그런데 공원 관리자가 오더니 우리가 캔 굴 숫자를 세는 것이었다. 사람 수에 비해 굴을 초과해서 땄다는 것이다. 1인당 18개씩 허가되어 있는데 위반하면 300불의 벌금을 내야 했다. 그때 남편이 텐트에 아이 4명이 있다고 하여 아이 4명을 추가하여 계산하니 1인당 18개 제한 규정을 지킬 수 있어서 천만다행이었다. 굴 공원에서는 일 인당 굴을 18개까지만 갖고 나올 수가 있었으며 굴 껍데기는 그 자리에 두어야 했다. 아이인 경우에도 아이가 들고 나갈 수만 있으면 18개로 계산할 수 있었다. 검사는 무사히 넘어가 문제는 없었지만 검사하는 사람이 없다고 조금이라도 정해진 원칙에 어긋나지 말아야 한다는 교훈을 얻었다.

우리 식구가 6명이다 보니 굴 공원으로 캠핑갈 때는 우리 가족이 인기였다. 숫자 많은 식구와 가면 그만큼 굴을 많이 딸 수 있었기 때문에 우리랑 같이 가기를 원했던 것이다. 저녁은 굴순두부와 굴튀김으로 준비됐다. 그때 먹었던 굴튀김은 정말 다시 먹어보지 못한 귀한 맛이었다. 모두 잘 먹고 잘 자고 나면 다시 굴 밭으로 가서 굴을 캤다. 아침에 캔 굴은 굴젓을 만들도록 소금을 쳐서 가져오곤 했다.

어느 여름엔 캐나다 해변가로 캠핑을 갔었다. 물이 아주 맑은 해변가에서 가자미를 낚시로 잡았다. 낚싯줄 끝에 두 개의 먹이를 달고 던지면 매번 가자미 두 마리가 잡힐 정도로 가자미가 많았다. 남편은 먹이를 달아주고 나와 아이들은 낚싯대를 던졌는데 던지기만 하면 금방 두 마리씩 잡혀 남편은 낚시는 엄두도 못 내고 우리들 먹이 달아 주기에 바빴다. 물이 너무 맑아서 두 마리의 가자미가 파닥거리며 잡혀 오는 광경을 멀리서부터 볼 수 있었다. 금방 큰 버킷으로 하나 가득 가자미를 잡아서 아이스박스에 담아 귀가하였다. 난 남편에게 "난 생선 비늘 제거를 제대로 하지 못해요." 했더니 남편이 곧이듣고는 새벽까지 가자미의 작은 비늘들을 모두 깨끗이 제거하고는 하나씩 싸서 냉동실에 차곡차곡 쌓아 넣어 두었다. 한동안 가자미를 튀겨 먹고, 조려 먹고, 유학생 가족 밥상이 귀한 가자미로 넘쳤었다.

1990년 학위를 마치고 한국에 돌아오니 그땐 기어 차보다는 대부분 오토매틱 차를 타고 다녔다. 기껏 기어 차가 많을 줄 알고 미국서 일부러 기어 차를 사서 연습한 보람이 없어졌다. 시어머니께서 나에게 10년간 아이 넷 키우랴 박사학위 하랴 수고가 많았다며 새 차를 사주셨다. 그걸 본 남편이 1년 뒤 귀국하여 "어머니 제 차는요?" 하니까, 시어머니께서 "넌 네가 벌어서 사렴."이라고 말씀하셨다. 우리 부부는 같은 대학에서 교수로 재직하고 있었지만 서로 스케줄이 달라 둘 다 각자 차를 타고 다녔다. 난 시어머니께서 사주신 차로, 남편은 본인이 벌어서 산 차로.

아이들과
집일 함께
나누기

　아이들을 키울 때 난 엄마니까 아이들을 위해 모든 일들을 해주어야 한다고 생각하지는 않았다. 나도 3녀 1남 중 막내딸이었고, 지금은 아이 넷의 엄마로 살고 있지만, 우리 가족들은 함께 도우며 살아야 하는 작은 공동체 구성원들이라고 생각했다. 그래서 집안일들을 아이들과 함께 많이 했다. 문제는 남편이었다. 남편은 아들만 여섯인 집안의 맏아들이어서 시아버지 다음으로 두 번째 왕이었다. 그래서 난 남편은 예외로 하고 나머지 아이들을 데리고 집일들을 나누었다. 물론 남편이 간혹 청소기를 돌리거나 세탁기와 건조기를 돌리는 경우도 있었다. 그러나 이렇게 드물게 한 집안일들을 두고 남편은 본인이 미국서 집안일을 다했다고 곧잘 주장하곤 한다. 누가 믿겠냐마는.

미국에 사는 동안 자주 김밥과 만두를 해 먹었다. 두 가지 음식이 준비하기는 시간이 들었지만 한번 해 놓으면 며칠은 먹었다. 김밥 준비물을 큰 쟁반에 담아 놓고는 몇 끼를 식탁에 김밥 준비물들을 올려놓고 각자에게 김을 한 장씩 돌려줬다. 각자의 기호에 맞게 김밥을 싼다. 그러면 난 김밥을 잘라서 각자의 접시에 담아 주기만 하면 되었다. 가끔은 자르지 않은 김밥을 통째로 들고 먹는 걸 좋아 하기도 하였다. 만두도 마찬가지였다. 만두 속 만든 것을 식탁에 올려놓고 각자 만두를 개성 있게 빚는다. 난 아이들이 빚은 만두를 각자 요청에 따라 군만두 혹은 찐만두를 만들어 주면 되었다.

지금도 근처에 사는 큰 딸네 가족이 우리 집을 방문했을 때 김밥 자료가 있다면 큰딸 부부와 외손자 두 명에게 각자 김을 주고 싸도록 한 후, 난 칼로 잘라 접시에 놓아 준다. 만두도 마찬가지로 큰딸네 네 명 가족이 각자 만두를 만들어 군만두냐 찐만두냐 요청에 따라 해주기만 한다. 외손자들은 마치 무슨 요리 프로젝트라도 하는 듯 열심히 김밥을 싸고 만두도 빚곤 한다.

식구가 여섯이다 보니 빨래를 하는 것은 세탁기가 하고 말리는 것은 건조기가 하지만 문제는 건조기에서 꺼낸 많은 빨래를 개는 일이다. 빨래를 바구니 가득 건조기에서 꺼낸 후 항상 난 아이들을 모두 불러 순서대로 내 앞에 앉힌다. 큰딸은 자기 것과 아빠 것을, 둘째 딸은 자기 것과 막내동생 것을, 셋째 아들은 본인 것만, 난 내 것을 개기로 한다. 그리곤 난 빨래들을 카드놀이 하듯이 던진다. 큰딸 것과 아빠 것이 나오면 큰딸에게 던지고, 아들 것이 나오면 아들에게 던지고. 내 것이 나오면 내 옆에 놓고. 이렇게 하다 보면 많은 빨래도 금방 개는 게 해결된다. 물론 아이들이 각자 빨래를 개는 형태는 다양하다. 허나 말려진 빨래가 대충 개어진들 어떠랴. 모두 마치게 되면 각자 서랍에 빨래를 정리했다. 난 아빠 것, 막내 아기 것과 내 것을 서랍에 넣으면 되었다.

　밤에 아이들을 재우기 전에 반드시 해야 하는 일은 아이들 목욕이었다. 아이들을 모두 한꺼번에 욕조에 입장시키고 단체 목욕을 시키곤 했다. 막내딸은 아기였으므로 위에 두 딸과 아들이 대상이었다. 어릴 때부터 남녀가 혼탕을 하니 자연 성교육은 되는 셈이었다. 모두 옷을 벗고 탕에 입수한 후 난 샤워기로 각자의 머리 위를 물로 부은 후, 샴푸를 각자 머리 위에 조금씩 떨어뜨린다. 그러면 각자 손으로 머리를 감는다. 그 후 머리 위에 샤워기로 물을 부으면 손으로 머리를 잘 헹구었다. 막내가 한 살이 되어 잘 앉아 있게 되었을 땐 막내도 혼탕에 합류하였다. 막내도 똑같이 샤워기로 머리 위에 물을 부어 머리를 감겼다. 막내가 한 살이 된 이후에는 내가 안아서 머리를 감기질 않고 아이 넷을 모두 같이 목욕을 같은 방법으로 시켰다.

　막내딸이 18개월 되었을 때 한국에 돌아왔고, 그 후 막내딸만 데리고 목욕탕에 간 적이 있었다. 막내딸 머리를 감길 때 미국에서 하던 식으로 샤워기로 머리에 물을 부은 후 샴푸를 머리에 떨어뜨리니 아기가 혼자 눈에 샴푸가 들어가도 아랑곳하지 않고 감았고, 그 후 내가 샤워기로 막내 머리 위에 물을 부었더니 눈을 잘도 감았다. 우리의 그런 모습을 보던 옆자리 할머니가 나에게 큰 소리로 나무라며 "에미가 되어가지고 어찌 그렇게 어린 아기 머리를 안아서 안 해 주고 머리 위에 샤워기로 물을 붓냐! 계모냐."고 호통을 치셨다. 나와 막내딸은 둘 다 우리가 뭘 잘못했나 하고 너무 깜짝 놀라 멍하니 있었다.

미국 명절
보내기

　미국에서 아이들과 지낸 추억 중 미소를 머금게 하는 것 중 하나는 크리스마스 트리를 함께 만들던 일이다. 우선 나무를 사야 하는데 생나무를 사면 매해 사야 하므로 플라스틱 트리를 사서 쓰곤 다시 분해해서 보관했다가 다음 해 같은 트리로 만들었다. 그리곤 나무에 걸 장식품들을 사러 다녔다. 종이나 작은 인형, 방울들을 샀다. 크리스마스 트리를 만드는 날은 항상 크리스마스 캐럴을 틀어 놓고 트리를 만들었다. 아이들이 모두 함께 인형이나 종이나 방울들을 달았다.

우리 부부는 아이들에게 줄 작은 선물들을 시간 날 때마다 사서 포장한 후 크리스마스 트리 밑에 놓았다. 아이들은 날마다 늘어나는 선물들을 보면서 매우 흐뭇해 했다. 작은 자동차, 레고, 인형 등 유학생 경제 수준에 맞는 작은 선물들이었지만 숫자가 늘어나는 것에 대해 아이들은 즐거워했다. 드디어 성탄절 아침이 되면 아이들이 각자 이름이 적힌 선물들을 열어 보면서 행복해했다.

이렇게 크리스마스 트리를 만들고 선물을 트리 밑에 놓는 것은 한국에 와서도 계속되었다. 어느 해인가 성탄절 아침에 보니 아이들이 모두 빨간 산타 모자를 쓰고 선물을 열고 있었다. 큰딸이 빨간 산타모자 네 개를 사 와서 모두 쓰고 있었던 것이다. 큰딸은 내가 미처 생각지 못하는 것들을 챙겨서 우리 모두를 행복하게 만들곤 했다. 그때 넷이 빨간 산타모자를 쓰고 있는 모습을 사진으로 찍은 것을 아직도 식탁 옆에 걸어두고 그때의 행복했던 기억을 되새기곤 한다.

미국에서 크리스마스만큼 큰 명절은 추수감사절이다. 그때는 집집마다 칠면조를 굽고 갈은 감자와 호박 케이크를 먹는다. 어느 해인가 한참 칠면조를 굽고 있었는데 전기가 나갔다. 칠면조는 반도 요리되지 않았는데 전기가 나간 후 늦도록 다시 들어오지 않았다. 밤늦게 전기가 들어온 후, 칠면조를 구워 먹긴 했으나, 그해 추수감사절은 모두에게 잊히지 않는 명절이 되었다.

명절이 되거나 중간시험과 학기말 시험이 끝나면 우리 집이 곧잘 유학생들의 모임 아지트가 되곤 했다. 그때마다 LA갈비를 아주 큰

양푼에 양념해서 굽곤 했다. 양념은 내가, 굽는 일은 남편이 했다. LA 양념은 5파운드를 기준으로 간장 한 컵, 설탕 한 컵, 양파 한 개 갈은 것, 마늘 많이 넣고, 참기름 주~욱 붓고, 후추와 깨는 축축 뿌리면 되었다. 내 딸들은 모두 결혼한 지금도 나의 이 레시피로 고기를 잰다. 마늘은 많이, 참기름은 쭈~욱, 후추와 깨는 축축 뿌리기. 유학생들은 우리 집에서 이 LA갈비를 맛있게 많이도 먹었다. 같은 대학 유학생이었다가 지금은 한양대 교수인 분은 우리 집에서 먹은 소갈비가 소 한 마리는 되었을 것이라고 말할 정도였다. 유학생들이 우리 집에 오면 내가 준비하곤 했던 단골 메뉴는 바베큐 LA갈비와 연어구이, 잡채, 겉절이 김치, 그리고 구운 케이크였다. 연어구이는 시애틀에 연어가 많이 나기 때문에 비교적 그리 비싸지 않은 가격이었다. 큰 연어를 반 마리 사서 소금과 후추를 조금씩 뿌린 후, 버터를 바르고, 그 위에 마요네즈를 바르고, 그 위에 양파를 얇게 썰어 고르게 올려놓은 후 오븐에 구우면 되었다.

한국에선 시어머니께서 김치를 매번 만들어 주셨기 때문에 김치를 한 번도 해 본 적이 없었다. 그러다 미국에 가니 김치를 사 먹기는 너무 비싸서 담글 수밖에 없었다. 처음 담그는 김치는 '김치 만드는 법'을 옆에 놓고 봐가면서 매우 서투르게 만들었다. 그러나 곧 배추를 한 박스씩 사서 김치를 유리병 열 개씩 담가서 먹을 정도로 능숙하게 되었다.

미국에서 아이 낳기

　아이 네 명 중 큰딸은 한국에서, 세 명은 미국에서 낳았다. 큰딸을 한국에서 낳을 때, 진통실에 들어서니 여러 명의 임신부들이 다양한 형태의 소리를 지르면서 통증을 감내하고 있었다. 소리를 지르지 않는 임신부는 없었다. 난 그 소리가 별로 좋지 않게 생각이 들었다. 어차피 아플 텐데 소리를 지른다고 좀 나아질까 하는 생각에서였다. 그래서 난 절대 소리를 지르지 않아야지 하고 속으로 참았다. 통증이 심해질 때는 손으로 침대보를 꽉 잡고 참았다. 한참 있다가 간호사가 내 밑을 확인하더니 놀라며 "아니 이렇게 아이 머리가 보이고 있는데 어떻게 그렇게 소리 한번 안 지르셨어요?" 하면서 급하게 분만대로 옮겼다. 그런데 담당 의사가 도착을 하지 않자 나에게 힘을 주지 말고 기다리라고 신신당부를 했다. 얼마 후 막상 의사가 거의 도착했다고 연락이 왔을 때 더 이상 분만이 진행되지 않자, 레지던트가 내 배 위에 올라가서 배를 누르기 시작했다. 멀쩡한 의식 속에서 모든 진행 상황을 지켜보는 난 마음이 매우 착잡하기만 했다. 마침내 담당의가 도착하여 큰딸을 무사히 분만할 수 있었다. 그런데 아기 성별을 말해주질 않는 것이었다. 내가 참다못해 "아기 성별이 뭐예요?" 물었더니 조용히 가라앉은 목소리로 "공주님 낳으셨습니다."라는 답변이 돌아왔다.

난 미국서 세 명 아이를 낳을 때 일부러 모두 다른 병원을 선택했다. 미국 병원의 분만실 실태를 비교해 보고 싶었다고나 할까. 둘째 딸은 프로빈스병원(Province Hospital)에서 낳았다. 둘째 딸은 새벽에 집에서 양수가 터져서 병원에 전화하고는 오전 8시경 병원으로 갔다. 남편은 큰딸을 집에서 돌보아야 한다며 귀가하였다. 사실 미국에선 남편이 함께 분만실에 들어 가는 게 상식이었다. 하지만 남편은 함께 분만실에 들어 가는 게 쉽지 않았나 보다. 9시 반 경에 둘째 딸을 낳았으니 둘째는 진통을 별로 하지도 않은 채 낳은 편이다. 재미있었던 것은 둘째 딸이 태어나고 성별이 확인 되자마자 분만실에 있었던 담당의, 간호사, 레지던트, 인턴들이 모두 한목소리로 "It's a girl"(딸이네요) 하고 합창을 한 것이었다. 딸을 낳았을 때 한국에서와 미국에서의 분위기가 너무나 달라 놀랐다.

1970년대만 해도 한국에서는 딸을 낳았을 때 산모가 물어보기 전에는 아기 성별을 알려주지 않을 정도로 남아선호 분위기가 컸다. 그러나 미국에선 아들이든 딸이든 성별이 밝혀지는 순간 모두 합창으로 성별을 알려주며 축하해 주었다. 한국은 요즘엔 아들을 둘 낳으면 '목메달' 이라고 할 정도로 딸을 선호하는 분위기로 바뀌면서 이젠 딸을 셋 둔 나를 부러워하는 친구들이 많다.

남편은 아들만 여섯을 둔 집안의 장남이다. 큰 며느리가 둘째도 딸을 낳은 후 시아버지께 전화를 드려서 "아버지, 저 양 또 딸 낳았어요." 했다. 그랬더니 시아버지께서는 "애야 난 아들에 질린 사람이다. 난 딸이 너무 좋구나. 둘째 딸 시집갈 때 식장엔 내가 데리고 입장할 수 있었으면 좋겠구나. 아들들 결혼시킬 때 보니 난 아무런 역할이 없더구나." 하셨다. 남편에게 이 말을 전했더니 "아니 내가 있는데 왜 할아버지가 신부를 데리고 들어가신담. 어림없지." 했다.

셋째 아들은 그룹헬스병원(Group Health Hospital)에서 낳았다. 둘째 딸은 병원 도착해서 거의 바로 분만했기 때문에 분만실에서 간호사들의 역할이 어떤지 관찰할 겨를이 없었다. 그러나 셋째 아들은 유도분만을 했기 때문에 종일 진통실에서 간호사의 업무를 관찰할 기회가 되었다. 미국서는 임산부의 진통을 모니터링 하기 위하여 임산부의 배 위와 뱃속 아기 머리 위에 모니터링 장치를 붙여놓고 진통의 추이를 관찰하였다. 그러면 진통의 변화가 그래프로 표시되었다. 진통이 커질 때는 그래프의 진폭이 커져서 간호사가 쉽게 알 수 있었다. 나를 담당했던 진통실 간호사는 나의 진통이 커지려고 하면 그때마다 따뜻한 물주머니를 갖고 와 내 등에 대고는 마사지 하기 시작했다. 매번 진통이 커질 때마다 난 간호사가 와서 따뜻한 물주머니로 마사지 해주겠구나 하는 기대가 생겼고, 그때마다 간호사가 마사지를 해주었다. 그럴 때마다 얼마나 마음이 놓이고 든든하고 좋은지 몰랐다. 셋째를 위해 아들 낳을 때도 그 전에 성별을 알지 못했다.

셋째를 위해 진통실에 들어갈 때도 남편은 두 아이를 돌보아야 한다며 "잘 낳아." 하면서 귀가했다. 귀가한 남편을 본 이웃 한국 유학생 부인들이 왜 돌아왔냐면서 두 아이들은 자기네가 봐 줄 테니 얼른 다시 병원으로 가라고 하였다. 또한 남편도 만약 이번에도 또 딸을 낳으면 어떡하나 하고 남편이 옆에서 의지가 되어 주어야겠다는 생각이 들었다고 한다. 거의 아이 낳을 때가 되어 분만실로 옮기는데 남편이 분만실로 들어왔다. 이 병원 분만실은 앞 벽면이 모두 거울로 되어 있어서 아기의 출산상태를 거울로 모두 볼 수 있게 되어 있었다. 난 그 와중에도 내가 근시라 벽 거울이 잘 보이지 않는 것을 무척 다행이라고 생각했다. 분만 후 병실에 입원해 있는데 간호사가 나에게 "꼭 샤워하세요, 한국 엄마들은 샤워를 안 해서 민망해요."라고 말했다. 난 병실로 오자마자 이미 샤워를 했기 때문에 염려는 없었다. 다행히 셋째는 아들을 낳아 시부모님께 장손 며느리로의 역할을 한 것 같아 기뻤다.

넷째 딸은 시애틀 다운타운에 있는 스웨디시 병원(Swedish Hospital)에서 분만했다. 넷째는 마지막일 것이라고 생각해서 고급 병원을 선택했다. 이번에도 유도분만을 하였는데 진통실에 오전 9

시경 도착하자마자 의사가 진찰을 하더니 아기가 뱃속에서 태변을 먹을 가능성이 있다고 하면서 신생아 전문의사를 불러 내가 분만할 때 담당의사랑 함께 아기가 숨쉬기 전에 태변을 빼내야 한다고 하였다. 아기가 울 때 태변을 기관지로 넘겨 폐 속으로 들어가면 안되기 때문이라고 했다. 그러면서 내가 둘째 셋째를 분만한 병원들에는 신생아 전문의가 없는데 이 병원에는 있으니까 걱정하지 말라고 일러 주었다. 그리고 오후 5시경에 분만할 것 같으니 그때 보자고 하면서 나갔다.

진통실 간호사가 이제부터 나의 진통을 도와주는 역할을 하겠구나 생각했다. 간호사는 나의 진통을 모니터링하는 장치를 나의 배 위와 아기 머리에 부착했다. 그리곤 그동안 나의 3명의 아기분만 이력에 대해서 자세히 물어왔다. 그러면서 진통이 잦아질 때마다 나에게 침대에서 내려와 의자에 앉기를 권했다. 진통 모니터링 장치를 부착한 상태이기 때문에 의자로 옮겨 앉기는 쉽지 않았다. 그럴 때는 나를 부축하면서 "아주 잘하고 있어요."라고 격려도 해주었다. 내가 잘 살펴보니 그러는 와중에도 분만을 위한 모든 장비와 물품을 계속 준비하고 있었다. 10시경부터 진통이 가라앉을 때마다 나에게 의자에 와서 앉기를 반복했다. 간호사는 계속 나에게 이런저런 질문을 하며 나의 분만에 관한 정보를 수집했다.

간호사가 나를 반복적으로 의자와 침대에 옮겨 앉도록 하는 바람에 진통이 예상보다 3시간 정도나 빨리 진행되었다. 아기가 태어나면서 울어버리면 태변이 폐로 들어가므로 의료진이 '멈춰.'(Hold) 하면 아기를 분만하려고 힘주던 것을 순간적으로 멈춰야 한다고 했다. 아기 얼굴이 밖으로 나오자마자 아기 입속에서 태변을 빼낸다는 것이었다. 내가 진통이 빨라지며 분만이 가까워지자 간호사가 담당의사를 불렀다. 그랬더니 담당의사와 신생아 전문의가 헐레벌떡 뛰어들어오면서 "아니 어떻게 이렇게 빨리 진행됐냐?"고 하면서 분만을 도우려고 급히 앉았다. 그리곤 분만이 곧 진행되었고, 순간 모두 'Hold' 하는 소리에 나는 할 수 있는 한 힘주던 것을 멈추었다. 무사히 넷째 딸은 태어났다. 그런데 의사가 분만을 진행하면서 간호사에게 "넌 이 임산부 분만이 예상보다 빨리 진행될 것을 어떻게 알고 이렇게 분만을 위한 모든 준비를 해놨니? 너 아니었으면 난 오늘 무척 당황할 뻔했다." 말을 세 번이나 반복해 말했다.

이 병원에서는 진통실에서 사용하던 침대를 그대로 분만실로 옮기고, 분만 후 같은 침대를 그대로 병실로 옮겼다. 산모의 입장에서는 침대를 옮기지 않고 같은 침대로 계속 옮겨 가는 게 무척 편안한 것이라는 것을 느껴졌다. 시애틀 다운타운이 환히 보이고 가까이 태평양 바다가 보이는 근사한 병실이어서 마지막 아기 출산을 축하하기에 너무 좋고 행복한 환경이었다. 분만 후 병실로 오니 얼음이 가득 찬 오렌지 주스가 큰 물통에 채워져 있어서 두어 컵을 시원하게 마신 후 곧 샤워를 하였다.

셋째와 넷째 아이의 분만 경험을 통해 진통실에서 임신부들이 힘들게 진통하는 과정을 간호사가 어떻게 돕는지 알게 되는 기회가 되었다. 한국과는 아주 다른 경험들이었다. 분만 후 병원에 입원 중일 때 남편이 미역국을 끓여왔다. 내가 입원 전에 소고기로 끓이는 방법을 알려 줬는데 남편은 멸치까지 넣어 맛있게 끓여왔다. 아이를 데리고 퇴원할 때 미국에선 반드시 아이를 위한 카시트를 병실로 가져와 간호사에게 보여준 후에야 퇴원수속이 가능했다. 여름이었기 때문에 집에선 소매 없는 원피스를 입었다. 이웃 한인 부인들이 분만 후 찬 주스를 마시고 샤워도 하고 소매 없는 옷을 입는 등 산후관리를 잘못해서 나이 들면 여러 가지 건강 문제가 생길 거라고 했다. 그러나 현재까지 별다른 어떤 건강 문제도 아직 나타나고 있지 않다. 분만 후 집에 돌아와서는 남편이 일주일간은 미역국도 끓이고 아이들 밥도 챙기고 설거지도 했다. 그러나 일주일 후부터 대부분의 일들이 나의 몫으로 돌아왔다.

세 명을 낳을 시기에는 내가 학교에서 연구원으로 일하고 있어서 온 가족에 건강보험이 되었다. 그 덕에 분만비로는 겨우 이십불 정도만 지급했다.

아이들의 학교 외 활동

　매주 월요일 오후는 큰딸을 걸스카우트 모임에 데리고 가는 날이었다. 오후 4시경 학교를 출발하여 자전거로 집으로 향하면서 오늘 저녁엔 저녁 메뉴를 무엇으로 할지 생각하며 귀가하곤 했다. 학교 캠퍼스가 워낙 커서 자전거로 통학을 하였는데, 집으로 가는 길에는 아주 큰 대학 헬스 시설을 지나곤 하였다. 그곳엔 25m, 50m 두 개의 수영장과 온갖 헬스시설과 사우나까지 있지만 매일 그 옆을 지나서만 갈 뿐이었다. 4시 반 어린이집에 있는 아이를 픽업하고 30분 만에 가족을 위한 저녁 식사를 준비해야 5시부터 가족 식사를 시작할 수 있었고, 5시 반에는 큰딸을 데리고 출발해야 했다.

큰딸은 초등학교 1학년부터 걸스카우트에 가입하여 활동을 하였다. 예쁜 걸스카우트 단복을 입고, 매주 월요일 오후 6시부터 한 시간 동안 모임을 하면서 건강한 사회의 일원으로 사회에 도움이 되는 다양한 경험들을 공유하였다. 부모들은 모두 밖에서 1시간 동안 기다렸다가 아이들을 데리고 귀가하곤 하였다.

걸스카우트 활동에서 매년 하는 활동 중 하나는 걸스카우트 쿠키를 판매하여 기금을 모금하는 것이었다. 걸스카우트 단원마다 할당량이 있어서 그것을 판매하여야 했다. 판매할 걸스카우트 쿠키를 받아오면 일단 우리 가족들은 상당량을 먹어 치웠다. 그만큼은 우리 가족에게 우선 판매한 것이다. 나머지는 지역사회를 가가호호 돌면서 사주기를 요청하였다. 그리고도 남으면 동네에 있는 큰 쇼핑센터 앞에서 판매를 하곤 하였다. 큰딸과 나는 물론 나의 어린아이들도 동원되어 판매를 도왔다. 걸스카우트 쿠키 판매는 모든 사람들이 매년 행사로 알고 있었기 때문에 많은 사람들이 한두 개씩 사주었다. 그렇게 팔다가 다 못 팔면 나머진 또 우리 가족이 사야 했다. 덕분에 맛난 쿠키와 초콜릿을 매년 실컷 먹곤 했다.

한번은 큰 딸네 학교에서 재활용품으로 깡통을 수집해오는 숙제를 내 준 적이 있었다. 매번 어떤 과제가 생기면 우린 아이들이 모두 동원되어 함께 했다. 거의 100리터짜리 쓰레기봉투만큼 큰 비닐을 가지고 아이들과 함께 동네를 돌면서 깡통을 수집하였다. 수집된 깡통은 남편이 발로 세게 차서 누르면 납작하게 줄어들었다. 동네를 얼추 돌고 나면 대학 교정으로 옮겼다. 학생들이 버린 깡통, 쓰레기통에 있는 깡통, 여기저기 다니다 보면 큰 봉투가 가득 찰 정도로 깡통을 모았다. 다음 날에는 차로 깡통과 함께 큰 딸을 학교에 데려다 주었다. 그런 종류의 행사에서는 우리 아이가 매번 일등을 하곤 하였다. 선생님도 놀랐다. 어떻게 그렇게 많이 모았냐고.

 매번 아이들의 과제마다 온 가족이 함께했던 경험들이 아주 즐거운 추억으로 남아 지금도 아이들과 나누곤 한다. 그런 과제들을 억지로 하려고 했으면 얼마나 힘든 일이었으며, 아이들이 모두 참여하기도 힘들었으리라. 우린 그런 일들을 깔깔거리며 즐겁게 모두 함께하곤 했다. 모든 일은 생각하기 나름이리라.

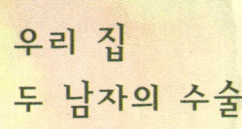

우리 집
두 남자의 수술

　내 시댁은 아들만 여섯을 두었다. 넷째부터는 혹시 딸일까 하며 낳다 보니 아들만 여섯을 낳게 된 것이다. 마지막 여섯째로 아들이 태어난 후, 시아버지는 정관수술을 받으셨다고 했다. 그때가 1962년이었으니까 시아버지의 결단력이 어느 정도였는지 알 만하다.

　우리 집에 셋째로 아들이 태어난 후 우리 부부는 아들과 함께 병원에 갔다. 아들은 포경수술을, 남편은 정관수술을 받기 위해서 였다. 의사와 의논하니 아들의 포경수술은 할 필요가 없다고 하면서 어린 아기에게 무엇 하러 동통을 주려고 하냐며 말렸다. 포경수술을 하는 어떤 장점도 없고 통증만 안겨준다는 것이었다.

그럼 아들은 놔두고 남편의 정관수술이나 해달라고 의논했다. 그랬더니 의사가 남편에게 이쪽으로 오라고 하면서 남편을 데리고 가서 한참을 얘기하다가 왔다. 그러더니 남편이 그냥 집으로 가자고 했다. 의사가 뭐라고 했냐고 물으니, 의사 왈, "너 아직도 젊은데(그때 남편 나이는 32세였다) 앞으로 어떤 일이 일어날지도 모르는데 무엇 하러 정관수술을 벌써 하려고 하냐?"며 안 하는 게 좋겠다고 말했다는 것이다. 미국에선 그때 거의 3분의 1은 이혼하는 시절이었으니까, 의사 생각에는 남편이 혹시 이혼을 할 수도 있는데 왜 수술을 그 나이에 하려고 하는지 의아하게 생각하며 말린 것이었다. 하긴 의사가 하지 말라고 말리는데 굳이 해야겠다고 우길 용기는 없었으리라.

그로부터 6년 후 넷째가 생겨 낳게 되었다. 그때 내 나이 37세라 미국에선 고위험 산모로 분류되어, 임신을 확인하는 검사를 유전자 검사와 함께 하였고, 아기 성별도 즉시 알려줬다. 첫째 딸부터 셋째 아들까지는 임신을 즐길 여유가 없었다. 매일 학교 강의 듣고, 연구원으로 일하고, 매 저녁마다 아이들 레슨에, 온가족 식사 준비, 빨래, 설거지, 집 청소, 등등. 그런데 6년 만에 임신을, 그것도 딸을 임신했다니까 이번 아기가 마지막 임신이 될 것이므로 임신 기간을 즐겨야겠다는 마음이 생겼다. 그때는 한창 박사학위 논문을 쓰고 있을 즈음이었다. 그때 처음 과일도 크고 예쁜 것으로 골라 먹고, 학교 근처 호숫가를 시간 내서 걷기도 했다. 여전히 방학이면 아이들 데리고 온 가족이 놀러 다녔다. 산전 관리를 하러 의사에게 가면 의사가 나에게 "너 지난달에는 어디를 갔었니?" 하고 물었다. 내가 Mountain Rainier(미국서 3번째로 높은 산인데 시애틀에서 150킬로 이상 떨어져 있으나 시애틀 전역에서도 보이는 만년설로 덮인 산)에 갔었다고 말하면 의사가 귀를 막으며 "난 더이상 듣고 싶지 않아, 넌 고위험 임산부란 말이야." 하고 말하곤 하였다.

넷째 딸을 낳은 후, 어느 날, 남편은 조용히 병원에 가 드디어 정관수술을 하였다. 그리하여 나의 분만은 네 번째로 막을 내렸다. 누군가 나에게 '인생의 성공이 무엇인가?'라고 묻는다면 난 주저 없이 '아이를 넷 낳은 것.'이라고 말하고 싶다. 특히 딸 셋에 아들 하나는 환상적인 조합이다. 최근에 만난 부부 중 아들만 둘을 둔 가정이 있었다. 그 부인이 말하기를 "예전엔 아들 둘을 두었으면 목메달이라고 했는데 요즘엔 돌아온 금메달이라고 한대요, 왜냐하면 딸을 둔 친정엄마는 딸이 아이를 낳았을 때 가서 도와야 하지만, 시어머니에게는 도와달라는 말을 안 하거든요." 했다. 거기에 난 뭐라고 토를 달진 않았다. 자기 아이는 귀중히 여기면서도 아이 돌보기를 싫어하는 한국 엄마들의 역설이리라. 그러나 난 속으론 '딸이 아이를 낳았을 때 같이 아이 낳는 경험을 나누고 갓난아기를 돌보아 주는 게 친정엄마의 얼마나 큰 축복이며 행복인데.' 하고 생각했다.

특히 막내딸이 딸을 낳았을 땐 정말 행복했다. 분만실에 사위와 나 둘이 들어오도록 허락되었다. 막내딸이 분만 시 너무 힘들게 힘을 주다 보니 얼굴에 있는 실핏줄이 다 터질 정도였다. 그러다 태어난 천사 같은 손녀 딸아이를 받았을 땐 말할 수 없을 정도로 큰 기쁨이었다. 게다가 막내 사위가 요리사라 미역국은 물론 저녁마다 맛나는 연어 스테이크, 생선 초밥, 스테이크 등 매일 다른 음식을 해주었다. 난 매일 사위가 요리할 때마다 옆에서 바라보며 맛을 봐 주는 게 다였다. 막내딸이 어느 날, "엄마, 남친이 생겼는데 3살반 연하에 요리사야."라고 했을 때, 난 "3살 반 연하에 요리사라면 꿈에 그리는 남편감이네, 너무 좋다!"라고 말했었다. 반면에 남편은 막내 사윗감이 연하인 것도 맘에 안 들고, 직업이 요리사인 것도 못마땅해했었다. 그러나 남편도 지금은 막내딸 집을 방문 할 때면 매일 어떤 요리가 나올지 기대하는 즐거움이 매우 크다고 한다.

막내딸 결혼식 날, 남편이 "막내 사위가 요리사야." 하면서 좀 못마땅해하는 말투로 친구들에게 말하자, 한 친구 왈, "이 집은 사위도 유행 따라 얻나 봐, 위 두 사위는 교사에 교수를 얻더니, 막내 사위는 요리사네, 요즘엔 요리사가 대세거든." 해서 모두 웃었다.

두 달된
아들의 한국행

　셋째 아들은 1982년 8월에 태어났다. 그해 9월부터는 남편이나 나나 모두 본격적으로 공부를 시작하고 있는 시점인 데다가 둘째 딸은 18개월이었다. 둘째 딸은 내가 강의를 하러 갈 때마다 유학생 부인에게 맡기고 갔다. 그런데 갓난아이까지 보면서 학교를 나가는 것은 가능하지가 않아 보였다. 그래서 나온 대책이 아들을 다른 아이들이 어느 정도 클 때까지 한국 시부모님에게 보내는 것이었다. 그때 시어머니는 52세였고, 시아버지는 58세였다. 집안의 맏상제가 될 아이니 그래도 될 듯싶었다.

시어머니는 내가 분만한 지 2주 후에 오서서 한 달 반 동안 함께 계시다가 아들이 두 달 되었을 때 한국으로 데리고 가셨다. 아기가 두 달 이 지난 후에야 비행기 여행을 할 수 있다고 해서였다. 아기를 떠나보내는 마음도 힘들었지만, 아이를 데리고 가시는 시어머니 얼굴에도 근심이 가득하였다.

시댁에는 그때 결혼하지 않은 삼촌들이 네 명이나 있어서 조카를 배위에 안아 재우고 데리고 놀고 모두 합심하여 조카를 돌보았다. 그때 시어머니의 노고가 얼마나 컸을지 상상이 된다. 주위에서는 늦둥이가 아닌가 하는 눈초리도 주었다. 아이가 걷게 되면서부터는 시아버지가 출근하실 때마다 아이가 현관에 서서 같이 가기를 기다리고 있었다. 그러면 시아버지가 운전해서 가까이에 있던 회사 사무실로 아이를 데리고 출근하셨다. 그런데 아이는 매번 사무실에서 대변을 보곤 했다고 한다. 그러면 누구도 손 못 대게 하고 시아버지께서 아이 엉덩이를 깨끗이 닦아 주셨다. 아이가 대변을 본 후에는 시어머니께 전화하여 아이를 데려가게 하였다. 시어머니와 아이는 걸어서 집에 오면서 길 중간에 있는 놀이 기구도 타곤 했다. 시부모님이 기억하시는 아이의 모습은 거의 병원에 갈 필요가 없을 정도로 건강했고 인내심이 많은 아이였다고 한다.

한국에서 아이가 두 살이 되었을 때가 마침 시아버지의 회갑이셨다. 아이도 돌려주시고 회갑 여행도 할 겸 아이를 데리고 미국 시애틀에 도착하셨다. 비행기에서 내려서 걸어 나오는 아이를 보고 내가 웃으며 아이를 안는 모습을 보시고, 시아버지께서는 내가 막 울면서 아이를 안고 대성통곡할 줄 아셨는데 내가 웃으며 아들을 반겨서 놀랐다고 하셨다. 그때 시부모님과 함께 LA까지 여행을 하게 되었는데 내 큰 딸과 둘째 딸이 셋째 아들과 잘 섞여 놀지 못하는 모습을 보고 시아버지가 마음 아파하셨다.

셋째 아이를 낳았을 때, 세 아이를 데리고 공부하는 것은 가능하지 않아 보였다. 그리고 그때 공부를 중단한다면 나는 결국 박사학위를 포기해야 할 것처럼 생각되었다. 그래서 갓 난 아들을 한국에 2년간 보내게 결정한 것이었다. 그러나 내가 다시 셋째 아들을 미국에서 낳은 시점으로 되돌아간다면 아이를 한국으로 보내기보다는 1년간 학교를 쉬면서 아이를 돌보고 한 살부터 어린이집에 보내면서 다시 공부를 계속하는 방향으로 결정하고 싶었을 것이다. 그러나 그때는 주위에 누구도 우리와 같은 경험을 한 유학생이 없어서 어떤 조언도 얻지 못했었다.

태어나서 두 살 때까지는 일생에서 가장 많은 변화를 가져오는 나이다. 갓난아이가 태어나 웃으며 옹알이하기 시작하고, 바닥을 기다가, 앉게 되고, 붙잡고 일어나고, 걷기 시작하고, 뛰게도 되고, 말을 하기 시작하는 기간이다. 이 모든 변화들이 2년간 이루어진다. 우리는 아들의 이 모든 변화를 놓친 것이다. 또 아들이 한국에 있을 때는 할머니 할아버지와 네 명의 삼촌들이 모두 아이를 중심으로 놀아주고 관심의 초점이 되었는데, 미국에서는 위 두 누나들 속에 난데없이 나타난 불청객이 된 것이다. 이 모든 것을 극복 하는 게 생각보다 오래 걸렸다. 우리 부부도 아들도. 자식은 낳은 정인가 기른 정인가의 물음에 단호히 기른 정이라고 말하고 싶다. 고생이 돼도 함께 생활하는 피붙이가 가족인 것이다.

 그 후로 우린 누가 공부 때문에 아이를 한국에 보낸다고 하면 적극적으로 말렸다. 한번은 내가 한국에서 교수로 있을 때 후배가 미국으로 유학을 떠나면서 두 명의 아이 중 큰애만 데리고 가겠다며 나에게 의논을 해왔다. 나는 절대적으로 두 명 다 데리고 가라고 조언했다. 만약 한 명만 데리고 갔다가 학위를 마치고 왔을 때 한국에 남아 있던 둘째 아이와의 관계가 힘들 수도 있다고 하였다. 그 후배는 내 조언대로 아이 둘을 다 데리고 미국으로 떠났고, 두 아이들을 초등학교에 보냈고 아이 둘이 서로 잘 도와가며 엄마 공부에 방해가 되지 않도록 잘 지내다가 학위를 마치고 귀국하였다. 귀국 후, 나를 찾아와서 "그때 두 아이를 모두 데리고 가라고 조언해 주어 너무 감사했어요."라고 했다. 그 후배는 서울에 있는 대학에 무사히 교수가 되어 잘살고 있다.

막내 딸은
누가 키웠나

큰딸은 3살 아래 여동생이 태어났을 때 동생을 목욕시킬 때면 항상 아기의 다리와 발은 큰 딸이 씻겼다. 막내 동생이 태어났을 때 큰딸은 11살이었다. 막내딸 사진에 가장 많이 등장하는 사람은 큰딸이다. 동생 그네를 태워주던가, 안아주던가, 우유를 먹여 주던가, 등등. 막내동생의 기저귀 상태에도 신경을 써서 기회만 되면 기저귀에 손을 넣어 체크하곤 했다. 그러다 여러 번 대변을 손에 묻히기도 했다. 내가 시켜서 하는 게 아니고 자발적으로 자연스럽게 동생을 잘 돌보았다.

막내딸이 태어난 지 두 달 되었을 때 친구가 우리 부부에게 오페라 표 두 장을 주었다. 든든한 큰딸을 믿고, 나가기 전에 막내딸에게 우유를 먹이고 우린 오페라 관람을 하러 갔다. 관람을 마치고 집에 돌아오니 큰딸이 그동안 무슨 일이 있었는지 흥분해서 보고한다. 아기가 대변을 봤는데 얼마나 많이 봤는지 기저귀가 넘쳐서 이불까지 다 묻었다는 것이다. 그래서 둘째, 셋째 동생까지 모두 동원해서 아기를 닦고, 이불에 묻은 것을 닦았다는 것이다. 큰딸은 그 이후에도 학교에서 돌아오면 막내동생을 무척 잘 돌봐주었다. 막내딸이 어렸을 때 사진을 보면 나보다는 항상 큰 딸이 어딘가 엔 있다. 그네를 밀어주던가, 피아노에 앉히고 치게 하거나, 장난감 모자를 씌워 놓기도 하고, 자전거에 태우고 밀어주기도 하고.

한국에 돌아온 뒤에도 막내동생이 학교에서 내주는 견학 숙제는 의례 큰딸이 데리고 가곤 했다. 그때 큰딸은 대학생이었다. 한번은 남대문 시장에 막내동생을 데리고 시장 견학을 간 적이 있었다. 시장 아주머니들이 "젊은 엄마, 이거 딸 사주세요."라며 큰딸이 막내동생의 엄마인 줄 알고 그렇게 말한 적도 있다고 한다.

어느 날 우리 부부와 큰딸이 이야기 끝에 막내딸을 키우는데 누가 더 많이 기여했을까를 물었다. 우리 부부가 "아마 엄마 아빠랑 큰딸이 각각 3분 1씩 기여했을 거야." 했더니, 큰딸 왈 "그게 아니고 엄마 아빠는 4분의 1씩이고 나머지 2분의 1은 나야!" 한다. 어쩜 큰딸의 기여도가 2분의 1도 더 넘을지도 모른다. 막내딸이 종종걸음을 할 때, 큰딸이 동생들을 데리고 놀 때면 오리 새끼들이 줄 서서 쫓아

가는 것처럼 큰딸 뒤에 둘째, 셋째, 막내 순으로 뛰어간다고 유학생 부인들이 깔깔거리며 웃은 적도 있다.

컴퓨터는 '현다이', 텔레비젼은 '금성'

　미국에 도착하여 우선 장만한 것은 텔레비전과 컴퓨터였다. 유학생 집에 방문해보면 거의 텔레비전은 일본제인 소니를 갖고 있었다. 어떤 집은 화면에 부착되어 있는 소니를 표시하는 스티커도 제거하지 않은 채 소니 제품을 자랑하고 있었다. 우리 부부는 크게 애국자는 아니었지만, 한국산이 가능한 것은 무조건 한국산을 사기로 했다. 그래서 구입한 게 텔레비전은 금성(지금은 LG)이었고, 컴퓨터는 현다이(현대를 미국 발음으로는 현다이라고 했음)였다.

　금성 텔레비전은 50인치가 최초로 미국에 수출되었을 때 산 것이 없는데 10년 유학 생활을 마치고 귀국할 때도 가지고 돌아왔다. 귀국 후 얼마 지나서 드디어 텔레비전을 LG로 바꾸었다. 텔레비전을 설치하는 분이 우리의 금성 제품을 보고는 "이건 LG 박물관에 보관해야 할 고물이네요." 하면서 가져갔다.

현다이 컴퓨터는 우리의 유학 생활 동안 꽤 한참을 함께 했다. 그러나 그동안 타이프라이터를 사용하다가 컴퓨터를 처음 사용하면서 겪었던 에피소드가 너무 많았다. 어떤 때는 A 드라이브의 파일을 지운다는 것이 C 드라이브인 본체 프로그램을 모두 지워버린 적도 있었다. 가장 잊지 못할 사건은 남편의 박사학위 종합시험 때의 일이다. 난 대학 졸업 후 대학에서 6년간 조교를 하면서 그동안 석사학위도 마쳤기 때문에 타이핑에는 익숙해 있었다. 그래서 타이핑을 전혀 할 줄 모르는 남편의 모든 리포트를 내가 타이핑해 주었다. 시험이 다가오면 남편은 "당신 공부 얼른얼른 해놔."라고 했다. 왜냐하면 본인의 리포트를 내가 밤새워 타이핑을 해주어야 했기 때문이었다. 남편의 종합시험도 마찬가지로 남편이 답안을 종이에 적어주면 내가 컴퓨터에 입력을 하고 있었다. 종합시험의 한 분야는 사흘 기간을 주고 답안을 타이핑하여 금요일 오후 5시까지 제출하게 되어 있었다. 밤과 낮 고생 끝에 드디어 금요일 마감 시간이 되어 답안을 프린트만 하면 되었다. 그런데 갑자기 컴퓨터 모니터화면이 꺼져 버린 것이다. 파일을 찾아야 프린트를 하는데 화면이 꺼져 버렸으니 어떻게 파일을 찾아서 프린트를 하느냐 말이다. 그러자 남편이 오후 5시가 거의 돼 가니 할 수 없다며 손으로 쓴 답안을 가지고 일단 교수를 만나 보겠다고 했다. 난 막 울면서 "나도 함께 가서 교수님께 설명 드릴게." 하였으나, 남편은 혼자 가서 설명해 드리겠다고 하였다. 남편의 상황을 설명 들은 교수님께선 "이 답안을 복사해서 오늘 제출하고, 컴퓨터를 고쳐서 이 답안에 글자 한 자도 수정하지 말고 그대로 쳐서 내일 가져와라."라고 말씀하셨다. 우린 컴퓨터를 고쳐서 무사히 답안을 프린트하여 제출하였고 종합시험도 무사히 합격할 수 있었다.

우리 부부의 대학성적을 보면 내가 월등히 좋았다. 졸업식 날 우리 부부가 사각모를 쓰고 기념사진을 찍은 후, 졸업식에 참석하신 시어머니께서 "정열아, 넌 등록금 면제받느라 수고했다. 내 아들아, 넌 장학금 면제받느라 수고했다."란 명언을 남기셨다. 그러나 미국 유학 성적은 남편이 더 좋았다. 정치학을 전공한 남편은 성적이 대개 리포트 성적이었다. 내일 오후 5시까지 리포트 마감이라고 하면 남편은 꼭 그 전날 저녁 식사 후에나 리포트 작성을 시작했다.

'I. Introduction'

그리곤 밤새 리포트를 썼다. 그 리포트를 타이핑해 주는 나도 함께 밤을 샜다. 그러나 남편이 손으로 한 장씩 써서 가져다줄 때마다 그게 그렇게 기특하고 고마웠다. 밤을 새도 못 쓰는 사람도 있지 않겠는가.

마감 시간을 30분 정도 남겨야 마지막 입력을 마치고 불이 나게 프린트를 해서 내가 운전해서 학교로 가면 남편은 차 안에서야 본인이 쓴 전체 리포트를 훑어봤다. 어떤 때는 러시아인 교수님의 긴 성함 스펠링이 틀린 적도 있었다. 본인이 작성한 리포트를 집에서 교정해 본 적이 거의 없다. 대부분 마감 직전에 원고를 끝내기 때문이었다. 한글로도 아니고 영어로 리포트를 쓰면서 교정도 못 한 채 제출하곤 했다. 그러나 성적은 거의 A 학점을 받았다. 내가 생각하기엔 거의 미스터리다. 어떻게 영어로 서론부터 결론까지 단번에 몇십 페이지를 써서 교정 한번 없이 제출해서 매번 A 학점을 받을까. 남편을 크게 존경하지는 않지만 그래도 평생 존경심을 갖고 있는 이유를 들라면 미국서의 리포트 경험도 큰 몫을 하고 있다고 해도 과언이 아니다.

문을 두드리라
그러면 열릴 것이다

　나의 미국 유학 생활을 되돌아보면 어떤 일을 추진해야 할지, 하지 말아야 할지를 고민해야 하는 경우가 많이 있었다. 그러나 대부분의 경우에 있어서 난 일을 추진하기로 결정하고 참여한 적이 많이 있다. 나 나름대로의 삶의 방식이랄까 '문은 항상 두드려야 열리는 법이다. 문은 두드리지 않으면 절대 열리지 않는다.' 일을 추진하기로 결정했다는 것은 어떤 일을 향한 문을 두드렸다는 것이다.

　역학박사 과정을 하는 동안 시애틀 다운타운에 있는 Fred Hutchinson Cancer Research Center에서 박사생 연구원(Pre doctoral researcher)으로 일하였다. 이 연구원 생활은 1984년부터 1990년 귀국 직전까지 했다. 그러나 다른 연구원의 기회가 생기면 동시에 다른 연구원직을 신청하였었다. 1985년부터 미국 정부에서는 미국 4개 대학을 선정하여 사고 예방연구소를 설립하도록 지원하였고 연구비를 정부 차원에서 할당하였다. 이때 워싱턴대학도 포함되어 '사고 예방연구소(Injury Prevention Research Center)'를 설립하였다. 사고 예방은 역학에서 새로운 분야로 부각하고 있었으므로 흥미로운 영역이라고 생각하여 연구원직을 지원 신청하여 연구에 참여하였다. 첫 번째 연구과제는 '같은 종류의, 같은 차종으로 교통사고를 당했는데 왜 어떤 사람은 사망했고, 어떤 사람은 생존했는가? 그 이유가 무엇인가?'였다. 이 연구를 위해 난 교통사고로 사망한 사람들의 사망 서류들을 분석했고, 생존해 있는 사람들의 서류들은 경찰청 자료를 분석했다. 이 연구에서 분석하고자 한 종속변수는 '사망 혹은 생존'이었고, 이 두 가지에 유의하게 관계가 있는 독립변수들이 무엇인지를 로지스틱회귀분석법(회귀분석의 일종으로 종속변수가 두가지 항목 이상으로 구성되어 있을 때 적용하는 통계분석법) 으로 분석하였다. 이 연구는 4개 사고 예방연구소(워싱턴대학, 스탠퍼드대학, 하버드대학, 놀스 캐롤라이나 대학)에서 동시다발적으로 이루어졌다. 미국 정부가 이렇게 사고 예방연구소의 설립을 지원한 이유는 사고로 인한 사망이 미국인 전체 사망 원인 중 3위를 차지하고 있었기 때문이었다. 미국인의 사망원인 1위는 심장병이었는데 심장병의 원인을 규명하기 위하여도 1940년대부터 많은 연구비를 이미 지원하고 있었으며, 그 연구 결과 미국인들의 심장병 원인은 세 가지인 흡연, 고혈압, 고지혈증으로 규명된 바 있다.

4개 사고 예방연구소에서 모두 동일하게 발견한 교통사고 사망과 생존에 관련된 가장 중요한 변수는 '안전벨트착용 유무' 였다. 이 결과를 근거로 미국에선 1987년부터 안전벨트착용법을 만들고 적용하기 시작하였다. 그 이후 내 아이들도 경찰차가 옆에 지나가기만 하면 안전벨트를 했는지 서로 확인하곤 했었다.

  1990년 한국에 돌아오니 그 해부터 한국에서도 안전벨트법이 적용되기 시작하였다. 한국에서 시작한 건강과 관련된 규칙들, 예를 들면 간염 예방주사, 소아마비 예방주사, 상수도 불소삽입, 등등은 미국에서 수행된 역학연구 결과에서 예방효과가 밝혀진 결과들을 그대로 받아들여 적용한 경우이다.

  난 한국으로 돌아오면 간호대학에서 교수로 일하기를 희망하고 있었으므로 역학박사 과정에 있었지만 워싱턴대학 간호대학에서 수행되고 있는 연구들을 배우고 싶었다. 워싱턴대학 간호대학은 미국 내 간호대학 평가에서 1980년 초부터 계속 1위를 차지하고 있었다. 그래서 동 대학 간호학연구소 소장을 면담하여 간호대학 연구에 참여하고 싶다고 했다. 그랬더니 그 당시 진행되고 있었던 두 연구의 책임자를 소개해주면서 만나 보라고 하였다. 그중 한 교수를 선택하여 만났더니, 당장 본인의 연구에 참여해 달라고 하였다. 교수의 연구를 돕는 동안, 그 교수는 나를 시애틀에 있는 연방정부 제10지역(Region 10: 미국 연방정부는 10개 지역으로 나뉘어 지는데 지역 10은 알래스카주, 워싱턴주, 오리건주가 포함됨) 사무소에 연구상담자(Research Consultant)로 추천해 주었다. 그 사무소에서는 추진하는 연구들에 대해 자문할 것이 있으면 나에게 자문을 요청하였다. 경우에 따라서는 연구디자인, 자료수집 도구 개발, 자료분석, 연구보고서 작성 등에 대한 자문이었다. 한 시간 자문비가 25불이었는데 그 당시 시급으로는 꽤 높은 보상이었다. 나의 박사학위 논문은 대장암 조기진단법 참여율을 높이기 위해 내가 개발한 중재법의 효과를 측정하는 연구였다. 내가 개발한 중재법은 연방정부 공무원들의 대장암 발생 위험도를 설문지로 측정하여 위험도를 평가한 후, 공무원들에게 각자의 대장암 발생위험도를 알려주고 정부에서 제공하는 무료 대장암조기발견키트를 사용하도록 교육하는 것이었다. 나의 연방정부와의 인연으로 인해 나의 박사 논문 자료수집을 연방정부 제 10지역 공무원들을 대상으로 수행할 수 있었다. 내가 연구상담자로 일하고 있지 않았다면 아시아인 학생으로서 미국 연방정부 공무원을 대상으로 실험연구를 하는 것은 절대 가능하지도 않았을 일이었다.

내가 함께 일하고 있었던 간호대학 교수는 나에게 역학 박사학위와 함께 간호학 석사학위를 받을 수 있는 동시학위(Concurrent degree)로 하도록 권하였다. 1980년 초부터 미국은 우수 간호대학 15개를 선정하여 산업 간호학 석사와 박사과정을 하는 학생들에게 등록금 전액과 매달 생활보조비 500불을 제공하고 있었다. 난 그때 연구원으로 일하고 있어서 등록금은 이미 면제가 되고 있었다. 역학박사 과정에서 이미 수강했던 과목들도 있고 해서 나머지 필요 학점만 취득하면 석사학위가 동시에 나올 수 있었다. 그 교수의 권유대로 산업 간호학 석사과정에 등록하여 매달 생활보조금도 받을 수 있었다. 또한 매년 큰 도시에서 열리는 학술대회에 대회등록비, 숙박비, 보조금까지 일체를 지원받았다. '동시 학위' 라는 문을 두드린 결과, 내가 받은 혜택이 상당히 많았다.

  1986년 미국에서는 간호학연구를 집중 지원하기 위하여 국립간호연구소(National Institute of Nursing Research, NINR)를 신설하였다. NINR 연구비는 간호사 혹은 간호대 교수들을 대상으로 간호관련 연구비를 지원하기 위하여 설립된 정부연구기관이었다. 난 박사학위 논문 연구계획서를 1988에 작성하여 NINR에 지원하였다. 2년의 연구 기간 동안 25000불의 연구비를 지원받았다. 연구상담자로 일하고 있었던 연방정부 공무원들을 대상으로 대장암 조기발견법 참여를 높이기 위한 실험연구였다. 2년간 받은 연구비였는데 연구를 1년 만에 마치고 1989년 박사학위를 취득하면서 12500불은 다시 반납하고 1990년 1월 귀국하였다. NINR이라는 문을 두드려서 얻은 아주 소중한 기회였다.

박사학위 자격시험
(Qualifying Examination for PhD)

　역학 박사과정은 1년간 역학과 보건통계 과목 6개를 수강한 후 자격시험을 본다. 그 시험에 합격하면 박사과정을 계속할 수 있고 합격하지 못하면 석사과정으로 마쳐야 한다. 자격시험 보기 하루 전날 연구보고서를 한 개 나누어 주고 그 보고서에서 문제가 한 개 나온다. 시험 당일 날 아침 8시 30분에 10문제가 포함된 시험지를 배부해 주고 오후 4시 반까지 답안을 제출해야 하였다. 학생들은 학교든 집이든 어디에서나 어떤 자료든 모두 참고하면서 시험을 볼 수 있는 오픈북(Open Book) 시험인 것이다. 어떤 학생들은 도서관에 방을 예약해 놓고 보기도 하고, 어떤 학생들은 집으로 가서 보기도 한다. 난 혼자 쓰던 연구원 방에서 시험을 봤다. 20명 정도가 시험을 치렀는데 아시아인 학생은 나 혼자였다. 시험 결과는 바로 그다음 날 발표되는데 난 낙방했다.

역학 박사과정 중 수강한 과목들에서는 학점을 거의 A 학점을 받았었기 때문에 내가 우수 학생 중 하나라고 생각했었는데 박사학위 자격시험에 낙방한 것이다. 낙방 소식을 알고는 너무 낙심하여 밤 12시가 될 때까지 집에 돌아갈 수가 없었다. 남편과 같이 박사학위를 취득하기 위해 미국에 왔는데 나는 박사학위를 취득하지 못할 수도 있게 될 것이라고 생각하니 너무 마음이 아파서 집에 갈 수가 없었다.

연구원실에서 울면서 왜 떨어졌을까, 그 이유가 무엇일까를 곰곰 생각해봤다. 낙방한 이유로 내가 생각한 것은 다른 박사과정생들은 대개 미국에서 보건학석사를 마치고 온 학생들이어서 역학에 대한 지식기반이 이미 있었던 것인데, 그들에 비해 난 역학 과목들을 박사과정에서 처음 배운 것이어서 전공과목 학점은 잘 받았었지만, 기본적인 역학지식이 있어야 풀 수 있었던 자격시험 문제들을 충분히 설명하지 못한 것이었다. 자격시험은 6개월 후에 다시 응시할 수 있었으나, 한 번 더 낙방하면 아예 박사과정을 계속할 수가 없었고, 석사학위 취득으로 만족해야 했다.

일단 나의 역학에 대한 기본지식이 부족했다는 것으로 결론을 내린 후, 이에 대한 해결방법을 생각하기 시작했다. 일단 구할 수 있었던 비교적 잘 쓰인 역학책들을 찾았다. 8권에 대한 리스트를 작성하고 책방에서 살 수 있는 것들은 구입하고, 살 수 없는 것들은 빌려서 복사를 하였다. 나에게 주어진 시간은 6개월. 난 8권을 6개월간 3번씩 읽는 것을 목표로 세웠다. 하루에 몇 페이지를 읽어야 할까? 8권의 모든 페이지 수를 더한 후 3번씩 읽을 목표라 3을 곱한 후, 6개월이 기간이므로 180일로 나누었다.

(8권 모든 페이지의 합 X 3번) / 180일 = 하루에 읽을 책 분량

거의 50쪽이 하루에 읽을 분량이었다. 난 소설책 읽듯이 매일 50쪽가량의 역학 전공 서적을 읽었다. 6개월간 8권을 3번씩 다 읽었다. 6개월 후, 자격시험을 다시 시도하였다. 시험 전날, 역학 연구보고서 하나를 학과 사무실에서 나누어 주었는데, 그 연구보고서를 읽다 보니 시험에 나올 것 같은 예상 문제를 예측할 수 있었다. 시험 당일 날 아침 8시 반에 10문제가 담긴 시험문제를 받아 연구실에서 8시간 문제를 풀고는 오후 4시 반에 제출하였다. 10문제의 시험지를 받고 쭉 훑어보는데, 어쩌면 놀라울 정도로 모든 문제의 답이 너무도 분명하게 떠올랐다.

시험 결과를 알기 위해 학과장을 찾았다. 학과장은 "너에게 두 가지 기쁜 소식이 있다, 하나는 네가 합격했고, 또 하나는 네가 일등이다." 라고 말해 주었다. 자격시험에는 4명이 응시했는데, 두 명이 합격했다고 하며, 두 명 중 내 성적이 더 좋았다는 것이다. 학과장이 단지 두 명 합격생 중에서도 내가 성적이 더 좋았다고 한 배경을 생각해보니, 또 다른 학생은 백인 여학생으로 보건학 석사를 이미 미국 다른 대학에서 마치고 박사과정에 있었던 학생으로 역학 박사생 중 리더급 이었던 학생이었기 때문에 내가 그 학생보다도 더 시험성적이 좋은 것에 다소 놀라서 언급한 것이었다고 생각이 되었다. 저번 자격시험에 내가 낙방했을 때 유일한 아시아인 학생이었던 나에겐 누구도 낙방한 것에 대해서 별 신경을 쓰지 않았었다. 그러나 그 여학생이 낙방한 것에 대해서는 모든 역학 박사생들이 한마디씩 위로의 말을 건네며 어떻게 떨어졌는지 모두 의아해했었다. 그런 여학생보다도 내가 시험을 더 잘 본 것에 대해 학과장도 놀랐었나 보다. 그러면서 학과장은 "네가 영어가 제2 언어이기 때문에 10점 정도는 깍였다." 라고도 말했다. 처음 유학을 시작하여 강의를 수강할 때는 교수가 하는 말에 학생들이 까르르 웃어도 왜 웃는지를 몰라 멍하니 시작한 유학 생활이 드디어 무사히 박사과정을 계속할 수 있도록 자격을 부여하는 자격시험까지 합격했다는 사실에 그 무엇보다도 보람 있고 기뻤다.

　내가 만약 첫 번째 자격시험에 합격하였더라면 나의 평생 역학 지식 취득에는 부족함이 있었을 것으로 생각이 든다. 낙방하여서 8권의 역학책을 3번씩 통독하면서 난 역학 전반에 대한 지식을 축적하게 되었다고 생각한다. 한국에 돌아와 교수로 재직하면서 '역학과 건강증진' 이란 책을 3개월 만에 완성하였다. 이 책을 쓰는 동안 그동안 배운 역학에 대한 모든 지식을 다 쏟아부을 수 있어서 매우 기뻤다.

교수로 일하는 동안 많은 박사과정생들을 지도하였다. 그중에는 박사학위 자격시험에 낙방하여 온갖 세상을 다 잃은 듯이 내 앞에서 통곡하는 학생들도 있었다. 그때마다 나의 박사학위 자격시험 낙방 경험을 얘기해 주곤 한다. 일단 낙방했을 때는 너무 절망감이 크지만, 문제는 그다음에 그 문제를 극복하기 위하여 어떠한 계획을 세우느냐가 중요하다. 그리고 일단 계획을 세우면 계획대로 실천하느냐의 문제이다. 내가 자격시험 낙방을 극복한 경험은 그동안 나에게 닥쳤던 많은 다른 종류의 어려움들을 해결해 나가는데도 큰 용기와 지혜를 주었다.

차 과속 티켓

  미국으로 간 지 2년 후 어느 날, 시속 35㎞ 운전 지역에서 54㎞로 운전하다가 경찰에 잡혀서 54불 과태료 고지서를 즉석에서 발급받게 되었다. 미국에선 과태료 고지서가 다시 집으로 배달되면 고지된 결과를 받아들여 그대로 지급할 것인지, 아니면 이의를 제기하여 법정에 출두해 설명을 할 것인지를 고지서에 표시하여 제출한다. 유학생이었던 우리에게 54불은 매우 큰 돈이었기 때문에 난 출두하여 설명하겠다고 표시하였다. 그 후 출두할 날짜와 시간이 우편으로 알려 왔다. 미국에 간 지 2년이란 시간 동안 비록 유창하지는 못했지만 나를 충분히 나타낼 정도의 영어는 되었다. 어떻든 54불은 너무 컸기에 용기를 낸 것이었다.

간이 법정에서는 판사가 대기실로 나와 해당자 이름을 부르면 해당자가 판사실로 들어가 판사 앞에 마주 앉아 재판을 받게 된다. 내 이름이 불려 져서 판사실로 들어가 판사 앞에 앉았더니, 판사가 "너 왜 그날 그렇게 빠르게 운전했니?" 하고 물었다. 나는 더듬거리는 영어로 설명했다. "내가 어느 날 영화를 봤는데 그 영화는 검은 SUV 차가 여성 운전자 차를 뒤쫓아 가서 그 차를 세게 추돌하여 교통사고를 내는 영화였다. 그날 내가 운전할 때 그 영화에서와 비슷한 검은 차량이 뒤쫓아 오는 것을 느꼈다. 그래서 그 차량을 피하기 위해서는 내가 차선을 바꿨어야 했는데, 옆 차선에는 바로 가까이 다른 차가 오고 있었다. 그래서 그 차를 피해 차선을 바꾸기 위해서는 내가 속도를 내야 했었는데 바로 그때 길옆에 있던 경찰에 잡힌 것이다." 내 설명을 다 듣고는 판사가 한동안 말없이 나를 응시하였다. 그러더니 다음과 같이 판결을 내렸다.

"내가 너에게 판결을 내리겠다. 다음부턴 그런 영화를 보지 않도록 해라. 오늘 벌금은 하나도 안내도 된다."

판사는 말을 마친 후 빙그레 웃으며 나를 봤다. 난 내 귀를 의심했다. '다음부턴 그렇게 과속하지 말라.' 는 것도 아니고 '그런 영화를 다신 보지 말라.' 고 하다니. 판사가 과속티켓 전력이 없는 나에게 경고를 때리며 농담을 한 것이다. 하여간 난 벌금 한 푼도 안내고 무사히 54불 고지서를 해결했다.

어느 날, 우린 50불짜리 고지서를 또 받았다. 그것은 장애인 자리에 주차했기 때문이었다. 일요일이었는데 멀쩡해 보이는 여자가 그 자리에서 차를 빼서 나가 길래 휴일에는 장애인 주차 공간에 일반인이 세워도 되나보다고 차를 세운 것이었다. 고지서가 날라 왔고, 이번에도 우리는 출두하여 설명하겠다고 표시하여 제출하였다. 난 가족대표로 혼자 출두하여 판사와 마주 앉았다. 판사가 "장애인 자리에 왜 차를 세웠지?" 하고 물었다. "그날 우리가 주차장에 들어서는데 아주 멀쩡한 일반인 여성이 차를 세웠다가 빼 길래, 휴일에는 일반인도 세울 수 있나 보라고 생각하여 세웠다. 근데 우리가 유학생 부부라 50불이 없다."고 설명하였다. 판사가 한동안 말을 않고 나를 쳐다보더니, "그럼 얼마면 낼 수 있니?" 해서 "10불이면 낼 수 있다."라고 했더니 10불 벌금으로 판결이 내려졌다.

두 번의 벌금 감면 경험으로 우린 일단 고지서를 받게 되면, 법정에 출두하여 설명하겠다고 하는 게 좋다고 유학생들에게 말하였다. 그러나 어떤 유학생은 설명하겠다고 출두했다가 괘씸죄로 벌금을 고스란히 다 냈다고도 하였다. 하여간 두 번의 간이 재판 경험을 통해 미국은 나름대로 잘 설명을 하면 그래도 정상참작이 되는 나라라는 것을 실감했다. 귀국 후 한국서도 과속티켓을 받았었다. 미국처럼 출두하여 설명하겠다고 했더니 주위에서 강하게 말렸다. 그냥 벌금 내고 말라고. 한국서도 출두하여 설명하면 어떻게 되는지 경험하지 못한 것이 못내 아쉽긴 하다.

우리 부부 말다툼

　미국 유학 생활 중에 가끔은 서로의 스트레스가 쌓이다 보면 언성이 높아지며 말다툼을 할 때도 적지 않게 있었다. 부부싸움을 할 때마다 난 항상 시어머니 말씀이 기억나곤 하였다. 시어머니는 부부싸움을 할 때 가끔 시아버지께서 "그렇게 불만이면 집을 나가지 그래." 하곤 하셨단다. 그럴 때마다 시어머니께서는 "내가 이 집에 시집왔는데 내가 나가긴 왜 나가? 난 안 나가." 하시곤 한 번도 집을 나가신 적 없으시다고 하셨다. 그럴 때면 도리어 시아버지께서 집을 나가셨다가 밤늦게 들어오시곤 하셨단다.

우리 부부도 언젠가 한 번 크게 말다툼을 하였다. 그랬더니 남편도 시아버지와 똑같이 나보고 불만이면 집을 나가란다. 나도 시어머니처럼 "내가 나가긴 왜 나가, 나가려면 당신이 나가."라고 했다. 그랬더니 정말 남편이 짐을 주섬주섬 싸기 시작했다. 그때가 저녁 시간이어서 아이들이 아직 취침 전이었다. "나가려면 아이들이 잠든 후에나 나가."라고 했다. 아이들이 모두 잠든 후 남편은 슬리핑백과 큰 베개를 이민 가방에 넣고 나갔다. 창으로 내다보니 차 트렁크에 넣고 떠나고 있었다. 남편은 막상 나가보니 갈 곳이 없어서 바닷가 공원에 가서 차를 세워 놓고, 차 안에서 슬리핑백을 펴서 잠을 잤다고 했다.

다음 날 아침 6시에 남편이 집으로 들어왔다. 난 "이왕 나갔으면 24시간이라도 채우지 12시간도 못 돼서 들어오냐?"고 반 농담조로 말했더니, "당신에게 결혼 후 10년이 지나도록 좋은 옷 한 벌 못 해준 것 같아서 백화점에 가서 옷 한 벌 사주려고 들어왔어." 한다. "우리 형편에 무슨 백화점 옷, 어서 아침이나 먹어요." 이렇게 생전 처음이자 마지막 가출은 끝이 났다.

미국 생활 동안 우리 부부는 말다툼을 할 때는 영어로 하곤 했다. 한국말로 싸우다 보면 표현이 사나워지고 그러면 서로 마음을 많이 다치게 된다. 그리고 영어로 싸우다 보면 싸울 때 사용하는 영어 단어가 짧아서 몇 마디 못하고 끝나게 된다. 마지막에 누군가 먼저 'shot-up'(입 닥쳐) 하게 되면 그것으로 말다툼은 끝나게 된다. 그리곤 서로 묵비권 행사에 돌입했다. 그러다가 남편이 나에게 리포트 타이핑을 부탁할 때가 되거나 다른 부탁할 일이 생기면 자연 남편이 먼저 말을 걸어오면서 부부싸움은 일단락을 짓곤 했다.

어떤 때는 남편이 집안일을 거들어 주지 않아서 속으로 불만이 쌓여가기도 했다. 남편은 남편대로 미국에 있을 때 거의 집안일은 본인이 했다고 말하지만, 그것은 본인의 의견일 뿐, 나의 입장에서는 내가 아이들을 데리고 어딘가 갔다 오면 설거지라도 해놓지 하는 마음이 컸다. 귀가하면 항상 설거지할 그릇들이 하나 가득 쌓여 있었다. 불만이 커질 때면 밤에라도 밖에 나가 한참을 걷고 들어오곤 했다. 그러면서 '남편에게 무엇을 요구하진 말자. 남편은 함께 사는 친구일 뿐이다.'라고 생각하자고 다짐했다. 그러나 '함께 사는 친구라면 같이 사는 친구에게 식사 준비와 설거지, 청소, 빨래, 아이 돌보기 등 일체를 하게 하고, 본인은 일부만 조금 하는 게 맞는 걸까?' 하고 자문해보게 되었다. 그러나 그렇게 불만을 가져봤자 내 스트레스만 쌓인다는 결론에 도달하곤 6형제의 장남인 남편에게 더 이상 집안일 요구는 하지 말자고 다짐하곤 했다.

한국으로
돌아온 뒤
가족 이야기

아이들의
한국 적응 스트레스

한국으로 귀국할 날이 다가오자 그 당시 6학년에 다니던 큰딸이 제일 스트레스가 많이 쌓였다. 친했던 친구들과 헤어진다는 것이 제일 마음이 아팠나 보다. 미국 학교에서의 마지막 날을 마치고 집에 돌아온 큰딸이 머리가 몹시 아프고, 토하고, 눈 시야가 반쯤 가려서 까맣게 보인다고 하였다. 다행히도 한숨 자고 난 후엔 그런 증상들이 모두 사라졌다.

한국에 돌아왔을 때 아이들의 한국말 실력은 한글을 읽을 줄은 알았지만 말은 잘 못 알아듣는 정도였다. 한국에 돌아왔을 때 큰딸은 중학교 1학년에, 둘째 딸은 초등학교 4학년에, 셋째 아들은 초등학교 2학년에 입학하였다. 큰딸은 학교 첫째 날 선생님이 "45번(큰딸이 45번이었음) 일어나봐." 했는데 그 말을 못 알아듣고는 가만히 앉아 있으니까, 다른 학생들이 "쟤 한국말 못해요."라고 말했다고 했단다. 그랬더니 선생님께서 "영어 할 줄 아는 학생 손들어 봐." 했고 그때 초등학교를 호주에서 다니고 돌아온 학생이 손을 들자, 큰딸의 짝으로 옆에 앉도록 했다. 큰딸은 옆 학생의 노트를 매일 빌려서 베껴 오곤 했다.

그러던 어느 날, 큰딸은 미국서 마지막 날 있었던 증상과 똑같이 눈 시야의 반이 까맣게 가려지고, 머리가 무척 아프며 토하는 증상이 다시 나타났다. 큰딸을 데리고 종합병원에 가서 큰딸의 증상을 말하니 대번에 스트레스로 인한 편두통 증상이라고 말하였다. 큰딸이 우리 가족이 미국서 한국으로 옮겨 오는 것에 대해 가장 크게 스트레스를 받고 있구나 생각하고 마음이 많이 아팠다.

어느 날 큰딸 반에 교생실습 나온 교생선생님이 나에게 전화를 했다. 큰딸이 학교 공부하는데 너무 어려워하는 게 안타깝다며 본인이 큰딸을 과외선생님으로 공부를 도와주고 싶다는 것이었다. 나는 아이들 세 명 중 누구도 학원이나 다른 학업보조 방법을 계획하고 있지 않았지만 교생선생님의 건의를 받아드려 큰딸의 공부를 일주일에 2번씩 도와주게 하였다. 교생선생님과의 시간은 공부를 잘하게 하기 위한 것보다는 선생님과의 대화를 통해 큰딸의 사회성이 좋아지고 의논할 상대가 되도록 하는데 더 큰 의의가 있었다.

큰딸과 둘째 딸은 첫 번째 학교시험에서 꼴찌에서 두 번째를 하였다. 둘 다 자기네들이 당연히 꼴찌를 할 줄 알았는데 어떻게 그나마 꼴찌에서 둘째를 했냐며 위로했다. 큰딸은 자기네 반에서 한 명이 다른 학교로 전학을 갔는데 아마 그 아이가 실수로 꼴찌가 된 것 같다고 하였다. 둘째 딸은 꼴찌를 면한 것만도 무척 자랑스럽게 여겼다. 점차 아이들의 한국말이 나아지면서 친구들도 생기기 시작했다. 큰딸은 몇 명의 친한 친구만을 골라서 사귀는 반면, 둘째 딸은 생일날 반에 있는 모든 여자 친구들 즉 30여 명을 초대할 정도로 많은 친구를 사귀었다. 나는 아이들을 학원에 보는 것을 선택하지 않았다. 왜냐하면 내가 학교 다닐 때 나 스스로도 학교에서 종일 시간을 보내고 와서 다시 학원에 가는 것이 싫었기 때문이었다. 나도 싫은 것을 아이들에게 어찌 시키랴.

아이들의 한국 적응 스트레스를 줄여주기 위하여 어느 날, 세 명의 아이들과 함께, 막내는 유모차에 태운 채 우리 동네에서 거의 1킬로 반경에 있는 운동 학원 조사에 나섰다. 유도 학원, 합기도 학원, 태권도 학원. 모두 견학을 한 뒤, 아이들이 선택한 학원은 합기도 학원이었다. 그때부터 첫째, 둘째, 셋째 모두 세 명이 함께 합기도 학원을 방과 후에 다니기 시작하였다. 셋째 아들은 한동안 합기도학원을 같이 다니더니, 본인은 다른 학원에 다니고 싶다고 하면서 컴퓨터 학원에 다니겠다고 하였다. 그래서 두 딸은 합기도 학원에, 아들은 컴퓨터학원에 다녔다. 큰딸은 합기도 유단자가 되었고, 둘째 딸은 합기도 3단까지 되어서 합기도 시범단원으로 뽑혀 전국에 시범을 하러 다녔다.

하루는 둘째 딸이 텔레비전에 나온다고 하였다. 이유인즉슨 한 텔레비전에서 합기도를 배우는 프로그램을 진행하게 되어 합기도 전국 본부에 추천을 의뢰하였더니 둘째 딸을 추천했다는 것이다. 프로그램을 진행하는 키가 큰 남자 사회자(이휘재)에게 합기도를 가르치는 것이었는데 둘째 딸보다 머리 하나는 큰 남자의 팔을 꺾고, 엎어 치고, 꼼짝 못 하게 하는 것들이 방영되어 온 가족이 즐겁게 시청했다.

이때 두 딸이 선택한 운동 학원으로 인해 두 딸은 대학에서 체육학을 전공하게 되었고, 컴퓨터 학원을 선택했던 아들은 컴퓨터공학을 전공하게 되었다.

아이들의
대학입시

첫째 딸

큰딸은 한국에 처음 와서 중1 시험 때 꼴찌에서 두 번째 한 성적이 차츰 한글을 깨우치며 조금씩 올라가더니 고3 때는 반에서 5등까지 등수가 올라갔다. 큰딸이 고등학생 2학년이 되면서 대학입시를 고민하기 시작했다. 큰딸은 초등학교를 미국서 마치고 와서인지 전국모의시험에서 영어는 항상 거의 만점을 받았다. 그래서 학교에서는 의례 영문학을 전공할 것을 권했다. 그러나 본인은 고고학에 관심이 있다고 하였다. 그러나 고고학은 한글을 잘 이해해야 가능한 학문일 것 같아서 큰딸에게 고고학은 쉽지 않을 것이라고 하였다. 그러면서 운동을 잘하는 큰딸에게 체육을 전공 하는 게 어떨지 권하였다. 고등학교 2학년 2학기부터 입시운동학원에 다니며 입시에 필요한 운동들을 배웠다. 체육을 전공하려면 대학마다 요구하는 운동종목이 달라서 두 대학 정도를 목표로 각 대학에서 요구하는 종목들을 입시학원에서 배워야 했다. 운동을 할 때는 한국말에 대한 스트레스도 없거니와 특히 운동을 좋아했기 때문에 연습하느라 힘들어도 즐겁게 하였다.

 큰딸이 고등학교 3학년 여름에 가족여행을 하게 되어 큰딸에게 같이 가기를 권하였다. 그러나 큰딸은 혼자 집에 남아 공부하겠다며 거절하였다. 며칠 공부 안 해도 별 영향 없을 거라며 계속 같이 가기를 간곡히 권했지만 결국 큰딸은 혼자 남겠다고 고집을 하여 큰딸을 제외한 세 아이들과 우리 부부만 여행을 갔었다.

 아직도 큰딸이 기억하고 있는 고3 때 에피소드 두 가지를 최근에 나에게 말해주었다. 엄마가 밤늦게 공부하는 게 별 효과가 있겠냐며 밤이면 매일 10시엔 자라고 하였단다. 그래서 큰딸은 모두 잠든 새벽 한 시경 일어나 몰래 공부하곤 했었단다. 그리고 큰딸 친구들이 모두 학원에 다니니까 본인도 학원에 다니겠다고 했더니 엄마가 학교공부를 하루 종일 하고 와서 힘들게 어떻게 학원에 가서 또 공부를 하냐면서 학교공부만 열심히 해도 된다고 해서 본인은 학원에 꼭 다니고 싶었는데 학원을 한 번도 다녀보지 못했다고 했다. 나는 잊고 있었는데 큰딸이 아직도 그때 일들을 기억하고 있는 것을 들고 나도 놀랐다.

　대학입시를 위하여 3개 대학을 선정하여 신청하였다. 먼저 첫 번째 대학 입시를 응시했는데, 수능시험 성적도 좋았지만 운동실기 성적도 좋았다. 다음날 두 번째 대학에 실기 시험을 보러 가야 했다. 그런데 발목이 시큰거린다며 입시를 보러 가지 못하겠다고 했다. 그 다음 날은 세 번째 대학 입시 날이었는데, 이 대학은 입시를 보러 가고 싶지도 않다고 하였다. 난 입시신청비까지 세 대학에 모두 낸 상태이고, 첫 번째 대학 합격도 확실치 않은 상황이었지만 큰딸이 내키지 않는다고 하는데 억지로 응시하라고 할 수는 없었다. 그러나 첫 번째 응시한 대학에 무난히 합격하여 사회체육학을 전공하게 되었다. 4년 내내 학과에서 1등을 하더니 졸업 때도 1등으로 졸업하였다. 특히 같은 학과에 있는 운동선수들이 연습을 하느라고 강의에 참석하지 못하게 될 때마다 큰딸의 강의노트는 여러 친구들이 돌려보는 시험 준비 필수품이 되었다. 큰딸은 강의시간에 급하게 쓴 강의 노트를 깨끗하고 예쁜 글씨로 재정리하곤 했다. 운동선수인 친구들은 큰딸을 그들의 천사라고 불렀다.

　둘째 딸

　둘째 딸은 초등학교 4학년 때 꼴찌에서 두 번째 성적으로 시작하더니, 중학교 2학년이 될 때까지 계속 꼴찌에서 5등 안에 들었다. 그러면서도 본인은 한 번도 꼴찌는 해본 적이 없다고 자랑스럽게 말하곤 했다. 그러더니 중학교 3학년 때 30등으로 중간 정도로 성적이 오르더니 고3 때는 15등까지 올랐다. 고3 때는 비록 공부는 중상 정도였지만 반에서 반장에 뽑힐 정도로 인기가 많았다. 나는 갑자기 네 명 아이들 중 처음으로 반장 엄마가 되어, 반장 엄마의 역할이 무엇인지 학부모들에게 물었다. 고3 담임선생님에게 대접도 해야 하고, 반 아이들에게 간식도 수시로 준비해 주어야 한다고 하였다. 그런데 그 해에 교육부에서 모든 학교에서는 절대 학부모로부터 대접을 받거나 간식을 제공하는 행위의 일체를 금지하는 금지령이 내려졌다. 그렇지 않아도 반장 엄마의 역할에 대해 제대로 이해하지 못하고 있던 터인데, 담임선생님이 반장 엄마도 절대 학교도 오지 말라고 하였다. 모처럼 처음으로 반장 엄마로 뭔가 해봐야 되나 했었는데 그마저도 전혀 아무것도 못 한 채 고3을 마쳤다. 그 흔하디흔한 치맛바람 한번 못하고 아이들을 졸업시켰다.

아이들의 언어 습득에 대해서 말할 때, 어릴 때 처음 배운 언어가 중요하다고 한다. 둘째 딸의 학업성적이 느리게 올라가는 것을 보며 둘째 딸은 미국서 태어나서 한 살 때부터 어린이집에 다니면서 한국말보다는 영어가 처음 언어가 되었기 때문에 한국으로 돌아온 후 학교 공부를 따라가기가 쉽지 않았나 보다. 큰딸은 두 살 때 미국으로 갔기 때문에 처음 배운 언어가 한국어였고, 두 살이면 얼추 의사소통이 되는 나이이다. 그래서 고등학교 3학년 때 5등까지 성적이 오르게 된 것도 처음 배운 언어가 한국말이었기 때문에 가능하지 않았을까 생각해 본다.

둘째 딸은 고3이 되면서 엉덩이에 풀을 부쳤나 할 정도로 낮은 밥상에 앉아서 밤늦게까지 공부를 하곤 했다. 그런 모습을 보며 가족 모두가 놀랐다. 그리고 합기도 전국시범단원에 선발될 정도로 운동을 잘했고 좋아했다. 큰딸과 같이 체육을 전공하기로 하고 고등학교 2학년 2학기부터 운동 입시학원에 다녔다. 둘째 딸도 3개 대학을 선정하여 입시 신청금을 지급하였다. 그 성적에도 운동을 워낙 잘했기 때문에 큰딸이 다니는 대학에 첫 번째 응시를 하였다. 입시 실기를 한 다음 날, 실기점수가 벽에 공고되었는데 둘째 딸이 지원자 중 최고점을 받았다. 다음날 두 번째 대학에서 운동 실기를 실시하였는데 그 대학에서도 최고의 실기점수를 받았다. 큰딸과는 달리 그래도 둘째 딸은 세 번째 대학에도 운동 실기시험을 보러 갔다. 그런데 둘째 딸이 실기도 하기 전 즈음에 전화를 했다. "엄마, 난 이 대학엔 합격해도 다닐 마음이 없을 정도로 대학이 맘에 들지 않아요." 그래서 난, "그래? 그럼 그냥 오렴." 했다. 맘이 내키질 않는데 실기시험이나 제대로 하겠는가. 다행히 두 번째 대학에 합격했다. 둘째 딸 왈, "난 서울대에 다녀." 한다. 맞다, 대학이 서울에 있긴 하다.

둘째 딸은 대학에 다니면서 무빙(Moving)이라는 동아리 회장으로 활동하면서 전국에서 열리는 거의 모든 경연대회에 동아리 멤버들과 같이 연습하여 나갔다. 체조대회, 에어로빅대회 등 여러 시합에 참여하였다. 그때마다 나에게 점심과 마실 것을 요청하여 매번 나는 점심거리인 김밥과 빵, 마실 것들을 챙겨서 관람하곤 하였다. 둘째 딸의 지도교수님이 "점심은 해결했니?" 하고 물으면, "연세대 교수님이 스폰 하셨어요." 하고 답하면서도 그 연세대 교수가 본인의 엄마라는 것은 한 번도 밝히지 않았다. 나가는 대회마다 거의 등수 안에 들었고 어떤 때는 최고상도 받았다. 그래서인지 둘째 딸은 학교를 빛낸 공적으로 단과대학에서 주는 전액 장학금을 받기도 하였다.

세째 아들

아들은 두 누나와 합기도 학원을 얼마간 다니다가 컴퓨터 학원을 다니고 싶다고 하여 합기도 학원을 그만두고, 초등학교 3학년 때부터 컴퓨터 학원에 다녔다. 초등학교 졸업식이 교내방송으로 진행되면서 학생들은 반에서 앉아 졸업식을 치렀다. 중간에 아들이 갑자기 앞으로 나가고 있었다. 우리 가족들은 모두 '아니 쟤가 왜 앞으로 나가지?' 하고 의아해했다. 초등학교 때 서울시와 전국 컴퓨터대회에 나가 수상한 경력으로 인해 '학교를 빛낸 상'을 받으러 나간 것이었다.

고등학교 1학년 때 수학 학원에 처음으로 다니기 시작하였다. 한 달도 못된 어느 날, 그날도 내가 아들을 데리러 학원 앞에서 기다리고 있었는데, 아들이 학원 옆 골목에서 나오더니 불나게 학원 건물 안으로 들어갔다가 다시 나오는 게 아닌가. 내가 다른 때보다 좀 일찍 도착해서 그런 광경을 목격한 것이었다. 아마 그전부터도 학원은 안 나가고 옆 건물에 있는 컴퓨터 게임방에서 게임을 하다가 학원이 마칠 시간에 학원 빌딩으로 들어갔다가 학원 공부를 마치고 나오는 것처럼 학원 입구에서 나오곤 했던 것이었다. 그것이 아이 넷 중 처음 시도했던 입시공부 중심 학원의 처음이자 마지막이었다. 그때 한 학원에 같이 다니는 학생 중 나의 후배 딸이 있었는데 후배 딸이 엄마에게 말하길, "엄마 선배의 아들은 참 희한해요. 강의가 시작되면 엎드려 자기 시작해요. 그래도 선생님이 앞으로 나와 문제를 풀어

보라고 하면 또 잘 풀어요." 했다. 아들은 미국에서 다닌 초등학교 1학년 때까지의 영어 실력으로 대학입시는 물론, 미국 유학 때까지 영어 문제가 해결되었다. 그리곤 수학과 과학을 비교적 잘했다. 아들이 고등학교 1학년 때 담임선생님 면담이 있어서 담임을 만났었다. 그때 담임선생님께서 "아들을 학원에 보내지 않으시죠?" 했다. 어떻게 알았느냐고 했더니 아들이 수업시간에 잘 집중해서 듣곤 한다는 것이었다. 고등학교가 압구정동에 있는 학교여서 거의 모든 학생들이 학원은 필수로 다니고 있어서 학교 수업시간에는 거의 자거나 집중하는 학생들이 적다는 것이었다.

고등학교 3학년 때 수학공부를 도와주기 위해 대학 친구의 아들에게 몇 달간 수학과외를 부탁하였다. 일주일에 2번씩 집으로 와서 수학을 도와주었다. 그 외 시간에는 아들은 컴퓨터게임을 광적으로 하였다. 입시가 가까워 오는 때에도 시간만 나면 컴퓨터게임을 하였다. 아무리 말린다고 해도 아들이 게임을 못 하게 하기는 어렵다고 느꼈다. 그래서 내가 한 전략은 "아들, 우리 집엔 대학 재수는 없어. 만약 대학을 못 들어가면 즉시 군대에 자원입대 한다."며 반복해 말했다.

우리 가족은 미국에서 돌아와 시부모님과 함께 송파구 잠실에서 10년 살다가 서대문구 연희동으로 분가하여 이사하였다. 이때 시어머니께서 제일 크게 걱정한 일은 아이 넷의 도시락을 싸는 일이었다. 내가 출근 준비하면서 어떻게 아이들 도시락을 네 개나 준비할 수 있을지였다. 그런데 그해부터 학교급식이 시작되어 난 도시락을 한 번도 싸지 않은 채, 네 아이들을 고등학교까지 졸업시켰다. 하늘이 도운 일이었다.

　연희동으로 이사 온 후에도, 아들은 압구정동에 있는 고등학교를 계속 다니게 되었다. 연희동에서 압구정동까지 가려면 6시 반에는 집에서 출발하여야 했다. 언제나 내가 깨서 보면 아들은 이미 집을 출발한 상태였다. 혼자 일어나 우유에 시리얼을 먹고는 학교로 간 것이었다. 아들에게 내가 항상 하는 말은 "아들, 네가 일어나면 엄마를 먼저 깨우란 말야, 그럼 엄마가 아침식사를 도와줄 거고, 네가 집을 나가는 것도 볼 것 아냐." 였으나, 아들은 거의 매일 혼자 일어나 일찍 학교로 가곤 하였다. 그렇게 하더니 졸업 때 고등학교 3년 개근상을 받았다. 개근상을 받은 아들이 우등상 받은 학생 못지않게 대견해 보였다.

　드디어 수능시험을 보고 대학입시를 고민하기 시작할 때, 아들이 "엄마, 나 연세대 원주분교에 입학할 수 있대요." 했다. "어떻게?" 하며 놀랐더니, "내가 수능에서 영어, 수학을 1등급 받았거든요. 두 과목 1등급이면 특채로 입학할 수 있대요." 했다. 난 듣기도 처음인 정보였는데 어떻게 아들은 알았을까 하고 의아해했다. 하여간 아들은 연세대 원주분교 컴퓨터 학과에 입학하였다. 같은 학과에 대학 동기 딸이 다니고 있어서 내 아들에 대해 알려줬다고 하였다. 그 말을 듣고 동기의 딸이 말하기를, "그 친구 컴퓨터프로그램은 엄청 잘해, 그런데 별명이 homeless(노숙자)야. 그렇게 지저분하게 입고 다니거든. 그런데 어떻게 부모가 모두 대학교수란 말야, 그것도 연대

교수." 하며 학과 친구들이 모두 놀랐다고 했다. 대학 2학년 때 본교 컴퓨터공학과로 40대 1의 경쟁을 뚫고 편입하였고 연대에서 대학원까지 마친 후, 미국 조지아텍 대학 석사학위를 취득하였다.

막내딸

막내딸은 미국에서 돌아올 때 18개월이었다. 초등학교부터 고등학교까지 다양하게 친구들도 많았고 학교생활도 즐겁게 하였다. 가끔은 나에게 "엄마 내 친구들 이름 알아 맞춰봐." 하곤 내가 틀리면 다시 일러주곤 했다. 시험이 끝날 때마다 롯데월드로 놀러 가도 되냐고 묻곤 했다. "그럼 넌 놀러 안 가려고 했어? 엄마도 시험 끝난 날은 항상 놀러 다녔어." 했다. 나는 고등학교 때 시험이 끝나면 친구들과 함께 택시에 다섯 명이 구겨 타고는 청계천에 있는 함흥냉면집에 가서 아주 매운 함흥냉면을 울다시피 하며 먹은 후, 광화문까지 걸어와 광화문 로터리에 있는 크라운빵집에 가서 오란다빵을 먹곤 했었다. 오란다빵에는 다양한 게 많이 들어 있어서 맛있었는데, 나중에 알고 보니 남은 케이크들을 뭉쳐서 만든 빵이었다고 한다.

위 세 명의 아이들은 영어는 아무 문제가 없이 수능에서도 1등급을 모두 받았다. 그러나 막내딸은 영어를 별로 잘하지 못하였다. 하긴 막내는 미국에서 태어났지만 한 살 반까지 살다가 왔으니 영어를 잘할 리가 없었다. 그래서 막내딸은 내가 다니고 있었던 대학 대학생에게 영어 과외를 부탁했었다. 그러다 보니 막내딸의 학교 성적은 중상 정도의 수준이었다. 그래도 막내딸은 항상 즐겁게 고등학교까지 다녔다.

나는 딸 셋 중 한 명이라도 내 간호학 전공을 이어받았으면 했다. 그러나 위 두 딸은 이미 체육학을 선택했으니 남은 딸은 막내딸 뿐이었다. 그래서 막내딸이 중학생 때부터 매년 병원에 가서 자원봉사를 하도록 보냈었다. 자연스럽게 병원 환경을 접하면서 간호사들도 만나다 보면 간호학에 관심이 생기지 않을까 생각했었다. 그 덕에 막내딸은 드디어 간호학에 관심을 보이기 시작하였다. 그러나 성적이 문제였다. 막내딸이 말하기를, "내가 간호학이 아닌 다른 전공을 선택하면 서울에 있는 대학에 갈 수 있는데, 간호대학을 가려면 서울에 있는 대학엔 못 갈 것 같아." 그 말에 난 "지방에 있는 대학에 가야 한다면 아예 미국에 있는 대학엘 가는 게 어떨까. 넌 고3 시간을 공부 때문에 스트레스 받지 말고 즐기렴. 그리고 미국 대학으로 가자." 했다.

고등학교를 졸업하고, 운전면허를 한 달 만에 취득하였고, 음력 설날 가족 모두로부터 두둑한 세뱃돈을 받고는 그다음 날 나는 막내딸을 데리고 미국 플로리다에 살고 있는 둘째 딸 집으로 갔다. 그때 둘째 사위가 플로리다대학에서 스포츠관리학으로 석사과정을 하고 있었다. 막내딸은 일단 가까운 커뮤니티컬리지에서 영어를 배우기 시작했다. 일정기간 영어를 배운 후, 간호대학으로 편입하기 위한 간호대학 편입 준비과정에 입학하였다. 미국에서는 간호학을 전공하기 위한 방법이 세 가지가 있다. 첫째는 커뮤니티컬리지에서 2년간 간호학을 전공하는 것, 두 번째는 4년제 간호대학에 3학년으로 편입하는 방법인데, 2년간 커뮤니티컬리지에서 편입을 위한 과정을 이수한 후, 4년제 대학 3학년에 편입하는 것, 세 번째 방법은 4년제 간호대학에 1학년부터 입학하여 다니는 방법이다.

　막내딸은 미국에서 간호학을 전공하는 세 가지 방법 중 두 번째 방법인 4년제 간호대학 3학년으로 편입하는 방법을 선택하였다. 커뮤니티컬리지에서 간호학 편입을 위해 필요한 과목들을 2년간 공부하여 학점을 취득한 후, 3학년 편입을 지원하는 것이다. 막내딸은 미국에서 태어나 미국 시민이었지만 미국 시민의 등록금 혜택을 받지 못하였다. 미국 시민 혜택을 받으려면 미국 시민인 부모와 같이 살고 있어서 부모가 세금을 낸 근거가 있거나, 학생 본인이 1년에 9000불 이상의 수입이 있어서 세금 낸 증거가 있어야 했다. 커뮤니티컬리지는 그나마 등록금이 4년제 대학보다는 적어서 크게 부담이 되는 것은 아니었다. 그러나 막내딸은 커뮤니티컬리지에 다니는 동안 쇼핑센터에 있는 옷가게에서 아르바이트를 하여 1년에 9000불 이상을 벌었다. 그 덕분에 4년제 대학으로 편입 할 때는 미국 시민으로의 등록금 혜택을 받았다. 간호대학 3학년에 편입하면서부터는 아르바이트를 하지 않고 공부에 전념하도록 하였고 등록금과 생활비는 2년간 우리가 지원하였다. 미국 시민으로 등록금을 냈으므로 한국에서 대학 다니는 것과 비교하여 교육비는 크게 다르지 않은 정도였다. 내가 미국에 방문하였을 때 막내딸이 아르바이트를 하고 있는 옷가게에 가곤 했다. 막내딸은 나를 보고 살짝 웃을 뿐 거의 나에게 눈길을 주지 않은 채 일에만 집중하였다. 철저하게 근무 수칙을 지키는 것이다. 막내딸이 어느덧 성인이 되어 자기 자신을 돌보며 열심히 공부도 하고, 아르바이트도 하는 모습이 무척 대견하였다.
　막내딸이 간호대학 4학년일 때 큰 병원들이 한꺼번에 모여 취업

박람회를 열었다. 간호대학생들이 본인의 이력서를 원하는 병원에 제출하였다. 그중의 한 병원에서 막내딸이 졸업도 하기 전에 면접하러 오라고 연락이 왔다. 한국은 국가간호사자격시험을 졸업 전에 보는 데 반해, 미국은 졸업 후 간호사 자격시험을 본다. 막내딸은 졸업과 동시에 첫 번째 면접을 본 병원에 취업이 되었다. 그 병원에서 간호사 자격시험을 대비하는 과정도 지원해 주어 무사히 간호사 자격시험도 합격할 수 있었다. 막내딸은 처음에는 엄마 때문에 간호학을 선택한 것이 아닐까 생각하기도 하였으나, 지금은 간호학을 선택하길 너무 잘했다고 좋아한다.

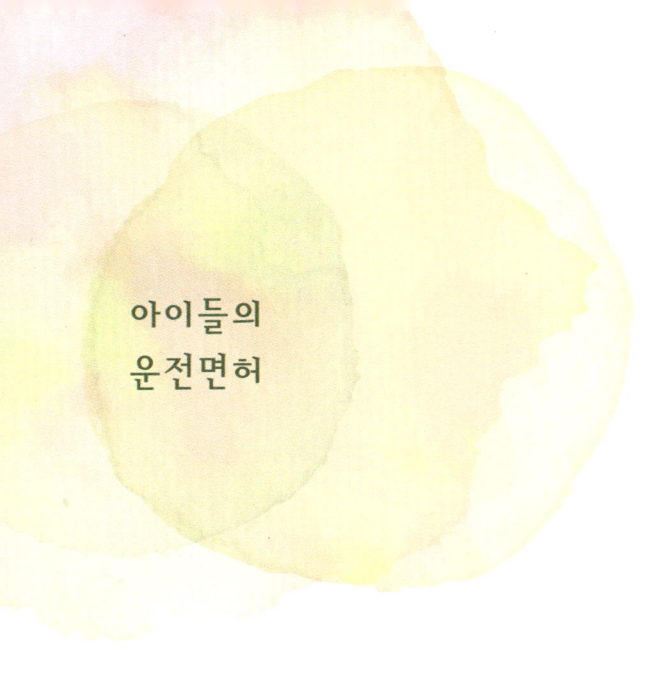

아이들의
운전면허

첫째 딸

첫째 딸은 대학 1학년 때 운전면허를 취득하였다. 운전 이론은 책을 사서 공부하여 시험 보았고, 코스 실기는 학원에 등록하여 해결하였다. 주행 연습은 내가 시켰다. 석촌호수 주위 길을 몇 바퀴 돌면서 운전을 익히도록 했다. 그리고 난 후 안성으로 볼일을 보러 가면서 큰딸이 운전하도록 했다. 농촌 보건진료소를 찾아가야 했으므로 마지막에는 포장도 안 된 길도 일부 나왔다. 매일 나와 같이 통학 길을 차로 다녀서인지 큰딸은 별문제 없이 그 긴 길을 무사히 운전해서 돌아왔다.

다음 날 큰딸은 내 차로 무사히 주행시험도 통과하여 운전면허를 취득했다. 큰딸이 "엄마, 나 운전면허 나왔어요." 하고 전화했길래 "너 엄마 학교 오는 길 알지? 엄마 학교로 차 가져오렴, 아침에 엄마랑 학교 오는 길로 오렴." 하고 말했다. 난 큰딸이 문제없이 운전해 올 수 있다고 믿었기 때문에 차를 학교로 가져오라고 한 것이다. 운전면허시험장은 송파구 잠실이었고 학교는 신촌이었다. 딸은 강북강변도로를 통해 무사히 신촌까지 운전해 왔다. 차를 학교주차장에 세우고 큰딸은 친구들을 만나러 갔다. 친구들에게 26킬로 되는 길을 운전면허 취득한 날 강북강변도로를 따라 신촌까지 운전해 왔다고 말했더니 친구들이 "너네 엄마는 어떻게 그렇게 너를 믿냐?"라고 묻더란다.

막내딸

막내딸은 고등학교 졸업 즈음에 운전면허 취득을 시도했다. 이론 시험은 책을 사서 공부한 후, 단번에 합격하였다. 그다음, 코스는 학원에 등록해서 배운 후, 서울시에서 코스 시험을 가장 빠르게 볼 수 있는 곳을 찾으니 도봉구여서 도봉구에서 코스 시험을 봤다. 난 코스 시험장이 보이는 벤치에 앉아 막내딸이 시험장에 입장하는 모습을 보고 있었다. 코스 시험장에 들어서며 막내딸이 파이팅 손짓을 했다. 코스 시험을 치르는 모습을 보니 곧잘 하는 것 같았다. 다 마치고 차에서 내리면서 또 멀리 보고 있는 나에게 엄지 척을 한다. 무사히 통과한 것이다. 그다음엔 주행 시험 대비였는데 그때 큰딸이 결혼한 후였기 때문에 우리 집 구원투수인 큰 사위가 막내 처제를 위해 몇 번 주행 연습을 시켜줬다. 그 덕에 주행 시험도 무사히 단번에 통과했다. 세 가지 운전시험이 모두 단번에 한 달 만에 통과되었다.

  막내딸은 고등학교를 졸업하고 2월 구정 때 모든 식구들(직계 가족만 총 27명)에게 세뱃돈을 두둑이 챙긴 후 그다음 날로 나와 함께 미국으로 갔다. 미국에서 이미 정착하고 살고 있었던 둘째 딸 집으로 간 것이다. 미국에 도착 하자마자 작고 예쁜 파란색 새 차를 막내딸 차로 샀다. 난 운전면허를 땄으니까 으레 운전을 하는 것은 문제가 없다고 생각했고, 막내딸도 별문제 없이 새 차를 사자마자 운전을 잘도 하고 다녔다. 그다음 해 큰딸 부부가 동생네를 방문했었다. 막내 동생이 운전하는 차를 타고 다니며 큰딸은 무척 감동했었다고 했다. 그 말을 들은 난 속으로 무척 놀랐다. 난 막내딸이 운전하고 다니는 것에 대해 당연한 생각만 했지 전혀 감동적으로 느끼지는 못했는데, 큰딸이 그렇게 감동적이었다니 말이다. 어려서부터 돌보던 동생이 그렇게 커서 운전하는 차를 탄 것이 너무 애틋해서였나 보다.

큰딸의 이성친구

　큰딸이 중3 때, 어느 날 옥상에서 큰딸의 귀가를 기다리며 오는 방향을 쳐다보고 있었다. 큰딸이 남학생과 같이 걸어오고 있었다. 너무 놀라서 어떻게 반응해야 할지를 고심하기 시작하였다. 마음 같아서는 옥상에서 '너 누구니?' 하고 소리라도 치고 싶었지만, 일단 끝까지 지켜보기로 했다. 건물 입구에서 손을 흔들며 남학생과 헤어지고는 딸은 계단으로 올라왔다. 집 현관을 들어서는 딸에게 "밖이 어둑한데 남학생이 너를 집까지 데려다주고 가네, 내일 그 학생에게 엄마가 고맙다고 말했다고 꼭 전하렴." 그랬더니 딸이 깜짝 놀랐다. 아마 속으론 '이크, 엄마가 봤구나.' 했을 것이다. 난 그 이후 아무렇지도 않게 딸을 대했고, 그 남학생에 대해선 아무런 말도 하지 않았다. 그 후, 별다른 일이 없는 걸 보니 그 남학생과 어떤 관계로 진행되지는 않는 눈치였다.

큰딸이 대학생이 되어 매일 아침 나와 딸은 같이 학교를 갔다. 매일의 대화 중 빠지지 않는 것은 왜 딸에게 남자 친구가 생기지 않는지에 대한 것이었다. 내가 딸에게 남자 친구가 왜 안 생기냐고 물었다. 딸이 말하길 "엄마, 난 두 가지 이유인 것 같아, 하나는 내가 너무 씩씩해서 남학생들에게 보호 본능을 일으키지 않는 것, 다른 하나는, 회식할 때 남학생들이 남긴 밥도 내가 먹을 정도로 내가 밥을 너무 많이 먹어서인듯해." 하긴 딸은 학교에서 한 마라톤시합에서도 여학생 중 1등을 하고 누구보다도 씩씩하게 활동했다. 그러니 자연 에너지를 많이 쓰게 되었을 테고, 그러다 보니 회식 땐 밥을 많이 먹었을 것이다.

어느덧 대학 4학년이 될 때까지 남자친구에 관해서는 별 진전이 없었다. 그러던 어느 날 단체 회식을 하는데 옆에 앉은 남학생이 딸에게 "너 남자친구 있니?" 했단다. 딸이 "없어요." 했더니, "그럼 나랑 사귀자." 하더니 일어나서는 그 자리에 있던 모든 사람들에게 "여러분, 우리 둘이 오늘부터 사귀기로 했어요!" 하고 발표를 했단다.

그 남학생은 현재 나의 든든한 첫째 사위다.

아이들의 결혼작전

평소에 아이들에게 결혼상대는 어떤 사람이어야 하는지에 대해 의견을 나눌 기회가 있었다. 난 아이들에게 결혼 상대 선정에 있어서는 두 가지 기준을 고려했으면 좋겠다고 말했다.

첫째는 일반 사람들이 선호하는 '○○사' 자가 아닌 사람
둘째는 기독교인.

첫째 딸

첫째 딸은 대학 4학년 봄부터 4살 위 남학생과 사귀기 시작했다.

어느 날, 학교 교정에서 둘이 허리에 손을 얹고 가는 모습을 남편이 운전해 지나가다 목격했다. 그러자 남편은 차 창문을 열고는 "네 이놈들, 너 누구야?" 하고는 소리를 쳤다고 한다. 그때 딸이 "아빠, 뒤에 차가 밀려요." 해서 그냥 지날 수밖에 없었다고 한다. 그리곤 어느 저녁 귀가한 남편이 나에게 종이 한 장을 휙 던지면서 "공부는 잘했네." 했다. 큰딸 남자친구의 학적부를 조사해 온 것이다. 1학년부터 모든 학점이 3.5 이상으로 우수한 성적표였다.

큰딸은 2001년에 결혼하기를 원했다. 그래서 2000년부터 양가와 의논하기 시작하였다. 그때 딸은 교육대학원에 다니며 철인 3종경기 협회 사무국장을 하고 있었다. 남편은 대학원을 졸업한 후에나 결혼을 하라고 하였다. 그러려면 일 년 반이나 미루어야 했다. 딸은 내년에 하게 해달라고 졸랐고 결혼식장은 동문회관을 고려하고 있었다. 동문회관은 6개월이나 1년 전에 예약을 해야만 예약이 가능하였다.

나와 딸은 2001년 1월에 "우선 동문회관을 11월 토요일 잡아 예약하자." 의논하고는 예약을 일단 하였다. 그리곤 "아빠에게 매일 매달려봐 허락할 때까지" 하였다. 그 후 딸은 매일 밤마다 무릎을 꿇고 "아빠, 올해 결혼하도록 허락해주세요, 결혼하고도 대학원 잘 다닐게요." 하고 애원하였다. 그러나 남편은 "결혼하면 어떻게 공부를 하니?" 하면서 몇 달을 허락하지 않은 채 지나갔다. 나는 아이 넷을 낳으며 박사까지 했구먼, 왜 딸은 결혼하고 대학원을 다니며 공부하지 못할 것이라고 생각하는지 답답했다.

큰딸은 대학 때 1등으로 졸업할 정도로 학업이 뛰어났고, 중학교 때 한국으로 왔기 때문에 완벽한 영어를 구사했고, 대학 1학년 땐 애틀랜타에서 열리는 올림픽에도 학교대표로 참관하는 등, 남편은 큰딸이 계속 공부하여 체육계의 리더로 커 주기를 희망하고 있었다. 그렇기 때문에 24살에 결혼을 하고 유학은 가지 않겠다는 큰딸의 결혼을 선뜻 허락하고 싶지 않았던 것이다. 거의 6월이 될 때까지 허락을 안 하더니 하도 딸이 매일 저녁 조르니까 "해버려." 하고 허락을 하였다. 그러면서 남편은 "올해 안에 하려면 동문회관을 얼른 알아봐야 할 거야." 했다. 다음 날, "아빠, 동문회관에 11월 자리가 있어서 토요일 점심으로 예약했어요." 하고 말하니, "다행이네." 하고 남편은 안심을 하였다. 나와 딸의 작전이 성공한 것이다.

전반적인 결혼 진행을 의논하기 위하여 큰딸의 시어머니와 난 둘이 먼저 만났다. 거의 한 시간 동안 난 내 딸을, 사부인은 아들이 얼마나 잘난 아이들인가를 교대로 말하고 있었다. 한참 서로 말하다 보니 웃음이 절로 나왔다. 내가 "이바지 인지 저바지 인지, 음식을 서로 보내고 받는 거 우린 피차 하지 맙시다." 하고 제안하였더니 사부인도 그렇게 하자고 하였다. 난 둘째 딸 사돈과 만났을 때도 똑 같은 제안을 하여 음식을 보내고 받는 것을 하지 않기로 하였다. 한참 지난 뒤, 결혼 음식에 대한 얘기들을 선배들과 하다가 내가 두 딸 결혼 때 음식 보내기를 하지 말자고 제안하여 안 했다고 했더니, "그건 딸을 둔 엄마가 하는 말이 아니에요, 아들 엄마가 하면 몰라도." 했다. 난 얼마나 놀랐는지 모른다. 그러나 그나마 다행이었던 것은 아이들이 신혼여행서 돌아와 시댁에 인사 갈 때는 내가 한 양념갈비, 떡, 과일 등을 아이들 편에 보냈었다.

　큰딸은 대학 졸업 후 취직하여 모은 돈으로 결혼 준비를 하였다. 딸과 사위랑 나는 하루 만에 혼수물 준비를 끝냈다. 오전에는 한복집에 가서 한복을 하고, 오후에는 전자 제품을 일체를 간단히 마련했다. 큰딸 커플은 웨딩 촬영도 하지 않고, 예복을 맞추는 옷집에서 사진을 몇 컷 찍는 것으로 대체했다. 신혼집의 전자제품은 내가 준비해 주었고, 신혼부부 방에 들어가는 가구 일절은 나의 시어머니께서 해주셨다. 내가 딸에게 "난 결혼할 때 친정엄마에게 금반지 5돈을 해주었다."고 했더니 딸은 나에게 백화점에서 근사한 옷을 사주었다. 결혼반지는 둘이 가서 준비했고, 시계도 신혼여행 때 간단한 것으로 구입했다. 신혼여행을 몰디브로 갔는데 그런 비용도 둘이 해결하였다. 결혼식장 비용은 우리 부부가 지급했지만 축의금으로도 충분했다.

　우리 부부가 결혼 할 때도 모든 준비를 우리 둘이 하였다. 결혼식장에서의 축하연, 케이크, 등등 모두 우리 둘이 준비했었다. 그래서 큰딸 결혼도 우리처럼 자기네 둘이 준비하려니 했다. 첫 번째 결혼이라 사돈의 한복도 각자 하고, 결혼 당일 머리 손질도 집 근처 미용실에서 했다. 남들이 어떻게 하는지에 대해선 정보도 없었을뿐더러 설령 알았다 해도 신경 쓰지 않고 우리 식대로 했으리라. 큰딸은 결혼할 때 24살이었다.

둘째 딸

둘째 딸은 우리처럼 대학 1학년부터 사귀기 시작한 한 살 위의 체육학 전공 남학생과 결혼했다. 둘째 사위도 남편과 같이 ROTC를 해서 7년 데이트 후, 25살 때 결혼했다. 둘째 사위는 아들만 둘 둔 집안의 둘째 아들이라 큰아들의 결혼을 치른 경험이 있는 터였다. 사부인이 같이 만나서 한복을 하자고 제안해 왔다. 난 다소 놀랐지만, '그렇게 두 사부인이 만나서 한복을 하나 보다.'고 이해하고 둘이 만나 한복을 맞췄다. 같이 만나서 한복을 한 이후에는 모든 것을 사부인과 사위가 알아서 하라고 했고, 내가 지급해야 하는 것이 얼마인지만 알려주면 내가 지급하겠다고 하여 결혼 준비를 끝냈다.

사부인이 결혼식 당일에 미장원에 서로 만나서 화장을 하자고 하였다. 그것도 속으론 놀랐지만 제안하는 대로 함께 화장을 하고 식장으로 향했다. 두 부인이 컨셉 있게 한복 색깔을 맞추어 입장하니 보기도 좋았고 기분도 좋았다.

셋째 아들

아들은 조지아텍에서 석사학위를 마치곤 계속 박사과정을 하기로 되어 있었다. 그런데 석사과정 중이던 어느 날, "엄마, 나 두 주 정도 한국에 다녀와야겠어요." 했다. "여자 때문이니?" 했더니 그렇다고 했다. 나는 "그럼 비행기표 대줄 테니 어서 오렴." 했다. 위 두 딸은 좋은 배필과 성공적으로 결혼한 뒤라 아들이 어떤 배우자를 데려오려는지 내심 신경 쓰고 있던 터였다. 아들이 첫사랑으로 선택한 여자는 한 살 아래의 고등학교 영어 선생님이었다.

아들은 석사학위를 마친 후 계속 박사과정을 하지 않고 귀국하겠다고 하였다. 그때 귀국하지 않으면 그 여자랑 결혼하기 어려울 것 같다는 것이다. 그러면서 한국 기업 세 군데에 이력서를 냈는데 모두 취직이 되었다며 그중 한 군데를 선택하여 취직을 하였다. 아들도 취업 후 3년간 모은 돈으로 결혼 준비를 하였다. 내가 해준 것은 우리 부부의 다이아몬드 결혼반지를 아들 부부의 반지로 세팅해 주었고, 며느리 패물로는 외국에서 구입한 비싸지 않은 두 가지 세트를 주었다. 사부인에게, "며느리 반지를 내 반지로 만들면서 아들 반지도 내가 할게요." 했더니 "그럼 시계를 우리가 할게요." 했다. 난 "시계는 위 두 딸 때도 안 했어요, 필요하면 둘이 신혼여행 갈 때 원하는 것으로 사라고 하세요." 했다.

두 딸은 결혼하면서 모두 시댁으로 들어가 살았다. 아들은 신혼집을 어디로 정해야 하는지가 문제였다. 마침 문정동에 18평 아파트를 마련해 놓았었기 때문에 아들에게 "결혼 후 어디서 살지를 의논하렴." 했더니, 대번에 "와이프랑 와이프 엄마랑 의논해 볼게." 한다. 그 후, 아들이 결정한 것은 며느리 친정집에서 살기로 했다는 것이다. 속으론 놀랐지만, 그렇다고 내가 우길 사안은 아니었다.

아들 결혼 때는 아들 엄마로서 이바지 음식은 하지 말라고 당당하게 말하였다. 그리고 일절 다른 것들은 준비하지 말라고 말했다. 그랬는데 결혼 전에 우리 부부와 시할머니의 이부자리와 그릇 세트를 보내왔다. 나는 놀라서 "다른 것은 절대 하지 말라고 했는데 웬걸 이렇게 보냈냐?" 고 했지만 이미 도착해 버린 물건들을 어쩌랴.

아들네는 신혼여행을 배우 이병헌 부부와 같은 수준으로 몰디브로 갔다고 한다. 그게 어떤 것인지는 모르겠다만 자기네 비용으로 알아서 좋은 곳으로 간다니 뭐라 말할 것은 없었다. 나의 시어머니께서는 장손을 며느리 친정살이를 하게 했냐고 뭐라 하셨고 남편도 불만이었지만 본인들이 결정한 것을 안된다고만 할 수는 없었다. 다시 미국 유학길에 오를 것이었기 때문에 일시 직장이 가까운 곳에 사는 것도 좋다고 생각했다.

막내딸

막내딸은 미국에서 간호대학을 졸업하고 간호사로 일하고 있었다. 남자 친구가 생겨야 결혼을 할 텐데 하늘을 봐야 별을 딸 수 있듯이 난 "남자 친구를 만날 수 있는 곳에 가야 하지 않겠냐, 근처 교회를 찾아보렴." 하고 조언하였다. 막내딸이 교회를 나가보니 남자 총각들이 여럿 있었다. 몇 명이 막내딸에게 관심을 보이며 사귀자고 하는 남자들이 생겼다. 어떤 부부는 막내딸에게 저녁을 사주겠다고 하여 나가보면 남동생과 같이 나와서 소개하기도 했다. 막내딸이 하루는 전화를 하여, "엄마, 나에게 사귀자고 하는 남자들이 몇 명이나 생겼어, 근데 그중 제일 나이 어린 남자가 나아." 했다. 그 어린 남자가 지금 나의 막내 사위이다.

딸은 27살, 사위는 3살 반 연하였다. 사위가 23살 때 그 댁 부모에게 결혼하겠다고 했더니 "꼭대기 피도 안 마른 것이 무슨 결혼이야!" 했다고 한다. "지금 결혼하지 않으면 이 여자를 놓친단 말이에요." 아들이 매달리니, "그럼 한번 데려와 보렴." 하곤 내 딸을 보더니 "당장 해라."라고 허락이 떨어졌다.

막내딸은 이미 미국에서 간호사로 취업하고 있었기 때문에 한국에서의 결혼 준비를 미국에서 모두 인터넷으로 하였다. 결혼 청첩장도 모바일 청첩장으로 미국 길거리에서 둘이 사진기를 세워두고 풍선도 달고 너무 귀엽게 만들어 보내왔다. 한국에 도착한 다음 날부터 인터넷으로 미리 본 웨딩드레스로 결정하고, 웨딩사진도 그다음 바로 찍었다. 나는 간식을 잔뜩 준비해서 웨딩사진을 찍을 때 나도 옆에서 사진을 찍으며, 마지막 아이의 결혼을 맘껏 즐겼다. 막내딸도 본인이 취직해 모은 돈으로 모든 결혼 준비를 하였다. 신혼여행을 위 오빠가 갔던 몰디브로 갔는데 막내딸네 여행비용 전체가 아들네의 한사람 비용이라며 내 아들 왈 "그렇게 낮은 수준으로 가도 되나?" 하고 놀라며 말하였다. 네 아이들이 모두들 각자의 수준에 맞게 결혼 준비는 각자가 모은 예산안에서 하였다.

친구들이 나에게 아이를 넷이나 우리 부부 퇴직 1년 전에 모두 결혼시켰으니 노하우를 알려달라고 한다. 그러나 내가 특별히 한 일이 없이 자기들이 벌어서 알아서 결혼하는 바람에 딱히 말해 줄 노하우가 없는 게 문제다. 어떻게 그렇게 일찍들 결혼시켰냐고 한다. 난 아이들에게 "너희들이 결혼 상대자로 누굴 데려오든 난 무조건 오케이야." 했더니 각자 알아서 데려와 알아서 결혼한 것밖에는 딱히 알려줄 비결이 없다.

아이들의 아르바이트

아이들은 다양한 아르바이트를 많이 하였다.

아들은 고등학교 1학년 때 신문 돌리기를 시작하였다. 새벽 4시면 집을 출발해야 했다. 새벽 3시 반 경 아들 방 앞에서 시어머니와 남편이 만나곤 했다고 한다. 아들이 알아서 스스로 일어나는지 확인하기 위해서였다. 아들이 일어나는 기척이 있으면 시어머니와 남편은 후다닥 사라지곤 했단다. 아들은 한 번도 남이 깨워서 일어난 적이 없이 새벽마다 잘도 일어났다.

신문을 돌린 지 일주일이 지났을 때, 아들은 발목을 다쳐 제대로 걷지를 못하게 되었다. 모처럼 해보겠다고 시작한 일인데 어떻게 하나 생각하다가 아들 발목이 낳을 때까지 내가 신문을 돌리기로 했다. 난 아들이 신문을 어디를, 어떻게 돌리는지, 어떤 경험을 하는지 알고 싶었다. 아들로부터 신문을 돌릴 주소들에 대한 오리엔테이션을 받은 후, 며칠은 나 혼자 돌렸고, 며칠은 둘째 딸과 함께 돌렸다. 신문을 배달할 곳이 주로 아시아선수촌 아파트여서 우리 집에서 걸어서 갈 수 있는 곳이었다. 어쩜 이곳에 살고 있는 사람들 중 나와 같은 대학교수들이 있을 수도 있겠다 싶어 모자를 깊이 눌러 쓰고 돌렸다.

아들이 첫 달 아르바이트비를 15만 원 받아왔다. 우리는 누구든 아르바이트를 해서 수입이 생기면 첫 달은 가족에게 저녁을 사는 것이라고 하면서 피자를 사라고 했다. 우리 식구 6명과 시부모님 해서 8명이 먹은 피자가 75000원어치였다. 그래도 아들은 뿌듯한 듯 기꺼이 저녁을 샀다. 아들이 신문을 돌리는 동안 한 할머니는 불쌍히 여겨 용돈도 주고, 털모자도 주었다고 한다. 아들은 6개월간 돌리고 2학년이 되면서 그만두었다. 아마 내가 말리지 않았다면 고등학교 내내 계속 신문 돌리기를 했을지도 모를 일이었다.

아들이 대학 방학 때 집 근처 주유소에서 일하였다. 어느 날, 나와 같은 대학에 근무하는 교수님들이 주유소에서 기름을 넣다가, "저 청년 꼭 이정열 교수 아들 같이 생겼네!"라고 한 분이 말씀하시니까, 다른 분이 "아니에요, 그 교수 아들이 뭐 때문에 주유소에서 일하겠어요?" 하고 갔다고 하셨다. 나중에 "내 아들 맞아요." 했더니 모두들 놀랐다. 아들은 주인이 없을 때도 얼마나 성실하게 일했는지 개학해서 그만둔 뒤에도 주유소 주인이 계속 일해 달라고 연락을 해왔다. 아들에게 그리고 나에게까지 전화하면서 저녁이나 주말에 일해 줄 수 없느냐며 부탁하였다.

둘째 딸은 큰 곰 인형을 쓰고는 물건을 판매하거나 홍보지를 돌리는 일을 하곤 했다. 추운 날은 괜찮은데 더운 날에는 힘들다고 하면서도 꾸준히 큰 인형 속에 들어가 열심히 하곤 했다.

막내딸은 고등학생 때 KFC에서 일했다. 방과 후에 일주일에 몇 번씩 일했다. 그래서 우리 가족도 KFC를 자주 가서 저녁을 해결하곤 했다. 우리가 가게에 도착하여 막내딸에게 손짓하면 막내딸은 눈길도 안 주고 열심히 바닥도 닦고, 쓰레기를 치웠다. 막내딸은 매달 아르바이트비를 받으며 나에게 저녁과 후식을 사곤 했다. 저녁으로는 5000원짜리 알밥을 먹었고, 후식으로는 던킨도너츠와 커피를 샀다. "도넛은 한 개만 먹을까?" 하고 막내딸이 말하면 난 "아냐 한 개를 둘이 나눠 먹다가 속에 든 크림이 너에게 다 갈 수도 있으니까 각자 한 개씩 먹어야 해." 하곤 꼭 두 개를 먹었다. 이럴 때마다 막내딸은 "그런 말은 엄마로서 딸에게 할 말은 아닌 듯." 하고 눈을 흘겼다. 그즈음 GOD가 부른 '어머니는 짜장면을 싫다고 하셨어.'라는 노래가 유행하고 있었다. 막내딸은 나에게 "우리 엄만 짜장면 곱빼기가 좋다고 하셨어."라며 놀렸다.

막내딸은 미국에서도 대학 공부하는 동안 옷가게에서 일했는데 어찌나 성실하게 일했는지 주인이 계속 일해 달라고 부탁하곤 했다고 한다. 한해에 9000불 이상을 벌어서 대학 등록금도 보태면서 열심히 살았다.

나는 대학 다닐 때 데이트 하느라 바빠서 아르바이트 한 적 없는데 내 아이들은 누굴 닮아서 그렇게 열심히들 사는 걸까. 내가 생각해 봐도 미스터리다.

엄마,
여기 병무청 이예요

　아들은 미국서 태어나서 자동 미국 시민이 될 수 있었기 때문에 한국 군대를 안 가도 되었다. 그러나 우리는 군대는 반드시 가야 한다고 기회만 되면 아들에게 주입시키곤 했다. 어느 날, 아들이 "엄마 우리 원적이 어디예요?" 하고 전화를 했다. "왜? 너 어디야?" 했더니 병무청이란다. 군대를 자원하러 병무청에 간 것이다. 컴퓨터 공학도였으므로 컴퓨터 병과로 신청하러 간 것이다. 컴퓨터 병과는 인터뷰로 시험을 봐서 선발을 했다. 아들은 인터뷰 시험을 두 번이나 낙방한 후 세 번째 만에 합격하였다. 내가 "세 번째 만에 합격한 소감이 어때?" 했더니 "엄마, 난 대학도 특채로 들어가는 바람에 인터뷰를 해본 적이 없잖아요. 이번에 인터뷰는 어떻게 하는 건지 배웠어요." 했다.

아들은 계룡대로 군대를 갔다. 계룡대는 육, 해, 공군 본부가 있는 곳이라 시설도 좋고 수영장과 체육시설도 아주 잘되어 있다. 근무도 출퇴근 시간을 지켜서 했고, 퇴근 후에는 수영과 체력 단련을 자유로이 했다. 그리고 적지만 군대에서 월급도 받았다. 우리 네 아이들은 모두가 구두쇠다. 누굴 닮아서 그런지 알 수가 없다. 아들은 군대에서 받은 월급을 거의 쓰지 않고 저금하였다. 난 아들이 저금한 금액에 매칭으로 같은 금액을 제대할 때 주겠다고 했다.

아들은 제대 후 자신이 월급으로 모은 것과 내가 매칭으로 준 돈을 합해서 혼자 유럽 배낭여행을 떠났다. 내가 "혼자 다니기 위험하지 않겠니?" 했더니 "엄마, 내 얼굴 자체가 무기예요." 한다. 하긴 대학 때 별명도 노숙자(homeless)였으니까 염려할 필요는 없었다. 아들은 유럽 몇 나라를 두 달간 배낭여행을 하였다. 이탈리아는 보름간 머물면서 베드로 성당은 몇 번이나 다시 갔었다고 한다. 오스트리아에서는 눈이 많아서 보드를 신나게 탔다고 한다. 그런데 보드를 한 번도 타본 적이 없는 한국인들이 와서는 보드를 가르쳐 달라고 해서 하루 나절 그 사람들에게 보드 레슨을 해주었다고 했다. 어느 날, 이탈리아에서 전화가 왔다. 돈이 떨어졌다며 한국인 숙박 집으로 돈을 부쳐달라고 해서 보내기도 했다.

아들이 미국에서 석사를 마치고 한국으로 돌아왔을 때 한국 체류가 가능한 거소증이 바로 발급되었다. 미국 시민이지만 한국서 군대를 마쳤기 때문이란다.

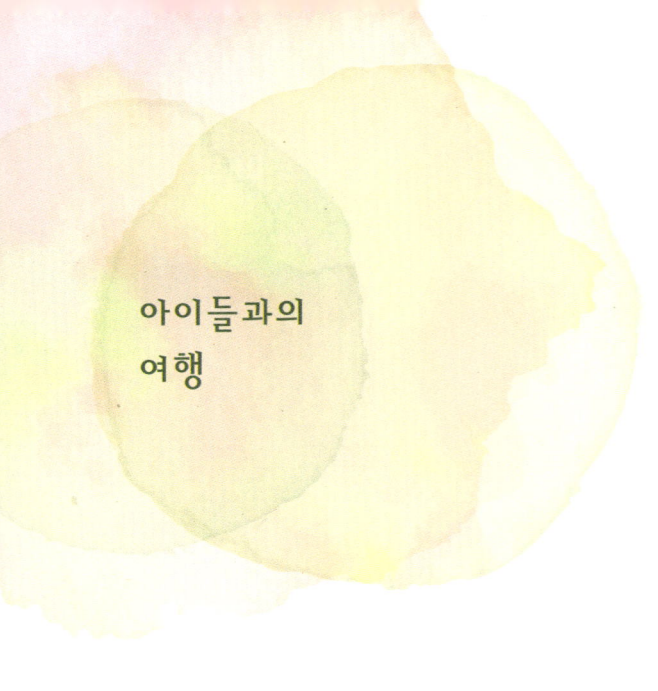

아이들과의
여행

    남편은 교수가 되자마자 대학에서 학과장 보직을 시작하더니 거의 20년 동안 온갖 보직을 돌아가며 했다. 그래서 가족여행을 함께 갈 시간도 충분히 내지 못하였다. 1993년 대전에서 엑스포가 열렸을 때 온 가족이 엑스포를 갔다. 일박이일로 엑스포를 구경한 후, 남편은 일정이 있다며 계속 가족여행을 하기 힘들다고 하였다. 남편을 유성 버스정거장에 내려주고, 큰딸을 운전석 옆으로 앉게 하고 지도를 보며 길을 안내하게 하였다. 그때는 내비게이터가 없던 시절이라 전국 지도를 보며 여행을 할 때였다.

아이 넷을 데리고 우선 백제 문화에 대한 장소들을 찾았다. 박물관과 3천 궁녀가 낙하한 곳 등, 그리곤 대천 해수욕장으로 갔다. 대천 해수욕장과 근처에 천리포, 만리포 해수욕장에서 3박4일을 수영하며 놀았다. 아침 식사는 10시경 해변가로 아줌마들이 팔러 나오는 쑥인절미와 찰옥수수로 먹고 저녁은 5시경 숯불로 구운 닭을 1인당 한 마리씩 먹었다. 낮에는 수박 한 덩어리로 갈증을 달래며 종일 신나게 놀았다. 딸 아이가 셋이고 아들이 하나이지만 딸 둘이 합기도 유단자라 어딜 가도 든든했다. 서울로 돌아오는 길에는 유관순기념관과 독립기념관을 들렀다. 지도는 큰딸이 보며 방향을 잡았고 아이 세 명은 뒷좌석에서 재잘대며 잘도 놀았다.

큰딸이 대학 1학년 때 막내딸은 초등학교 1학년이었다. 그 여름 큰딸은 매일 한강에서 윈드설핑을 하며 보내서 얼굴이 구릿빛으로 그슬렸다. 아이 넷을 데리고 전주에 있는 선배 집으로 가서 1박을 하곤 땅끝마을로 향했다. 신문에 땅끝마을에서 유명한 떡갈비 집이 소개되어서 주소를 갖고 찾아 가 먹었고, 땅끝이란 표지석에서 아이들 넷이 기념사진도 찍었다. 그때 사진을 보면, 큰딸 얼굴은 진갈색이고, 막내딸은 수두를 앓고 있어서 얼굴 전체가 발진으로 가득 차 있다. 지금 보아도 그때 모습들이 떠오르는 기념사진이다. 서울로 오는 길에는 해인사에 들러서 팔만대장경을 보고 천천히 쉬엄쉬엄 운전해 올라왔다.

한번은 아이들과 부산으로 여행을 떠났다. 1박 2일 여행이었다. 부산으로 갈 때는 김해공항까지 비행기로 갔다. 공항에서 택시로

범어사로 가서 절 구경도 하고 근처 산책길을 걷기도 하였다. 그리곤 버스로 자갈치 시장으로 가서 러시아산 킹크랩을 실컷 먹었고, 태종대로 가서 산책을 하였다. 그리곤 버스로 이동하여 달맞이길로 갔고, 근처에 있는 노래방에 들러 신나게 노래도 불렀다. 숙박은 달맞이길에 있는 찜질방에서 하였다. 광안대교와 해운대가 훤히 잘 보이는 찜질방이었다. 아침에는 일찍 기상하여 해돋이를 보기 위해 바닷가에 있는 절로 택시를 타고 갔고, 근처에서 아침 식사도 하였다. 다시 해운대로 돌아와 오동도 유람선을 탔고, 점심식사는 해운대에 있는 호텔서 파스타를 먹었다. 그리곤 천천히 걸어서 새마을호 정류장까지 걸어가서 기차로 서울로 돌아왔다. 그땐 KTX가 없던 시절이었다. 지금 생각해도 이때 한 부산여행은 너무 기분 좋은 추억으로 남아 있다.

남편과 같이 간 여행 중에는 전북에 있는 대둔산에 등반한 적이 있다. 막내딸이 초등학교도 들어가기 전이었다. 돌계단과 철계단 등 아주 가파른 곳이 많은 코스였는데 모두들 잘도 올라갔다. 산행을 마치고는 화산이라는 지역에서 붕어찜을 먹었는데 포장해서 시부모님께 갖다 드릴 정도로 정말 맛있는 음식이었다. 최근에 남편과 대둔산을 다시 등반하였다. 올라가는 길은 물론 내려오는 길이 너무 가파르고 계단이 많아서 무릎이 다 시큰거릴 정도였다. 우리 둘은 "아니 이렇게 힘든 코스를 아이들이 어렸었는데도 불평 한마디 없이 그렇게 잘 올랐단 말야?" 하고 감탄하였다.

아들이 대학교 1학년 때 12일간 네팔 안나푸르나 트레킹을 나와 둘이 갔었다. 남자는 아들이 유일했고, 나머지는 10명 정도의 여자들이었는데 30대부터 내가 50세로 제일 고령자였다. 여자들은 네팔인 포터에게 짐을 맡겼으나 아들은 본인 짐을 메고 다녔다. 카트만두에 도착한 첫날 근처에 있는 절을 구경하러 갔는데 온통 원숭이 천지였다. 같이 갔던 여자 한 분이 반바지를 입고 있었는데 원숭이가 점프를 하여 넓적다리를 물었다. 원숭이에게 물린 것은 개에게 물린 것과 같아서 광견병 주사를 맞아야 했다. 며칠간 반복해서 주사를 맞아야 했기 때문에 광견병 주사액을 얼음에 넣어 가지고 다니면서 매일 주사를 맞았다. 마침 나도, 물린 분도 간호사였기 때문에 주사를 맞는 것은 문제가 되지 않았다. 네팔에서의 병원비와 주사약값이 1500불이 나왔다는데 여행자 보험이 돼서 모두 환불을 받았다. 한국에 돌아와서도 얼마간 계속 주사를 맞았어야 했는데 한국에선 국립보건원에서 주사를 맞았다고 한다.

같이 간 사람 중 내가 최고령자여서 가이드가 나를 제일 걱정하였다. 그러나 제일 먼저 문제가 된 분은 제일 나이가 어린 30대 여자였다. 도저히 걸을 수가 없다고 하여 가파른 계단을 작은 나귀를 타고 내려왔으며, 계속 끝날 때까지 나귀를 타고 다녔다. 그다음에 문제가 된 분은 40대 여자였다. 체구가 작은 두 명의 네팔인 남자들이 번갈아 가며 그 여자를 끝까지 업고 걸었다. 외국인들은 5시간 정도 걷고는 숙소에서 쉬는데 우리는 8시간 이상 걷다 보니 나중에는 다른 여자들도 상이군인처럼 발을 절뚝거리며 걸었다. 3500m 고지에 올라 보니 안나푸르나의 모든 봉우리들이 한눈에 들어왔다. 마지막에 내려와 도착한 곳은 포카라 지역이었는데 그곳에 있는 호수에서 배를 타며 안나푸르나 봉우리들을 바라보는 광경은 평생 잊을 수 없다.

아들은 가을 학기를 시작하면서 영어 발표 시간에 함께 갔던 안나푸르나 트레킹에 대해 사진을 보여 주며 발표했다고 한다. 그 과목 학점을 A를 받았는데 아마 여행기 발표가 한몫을 한 것 같다고 하였다.

우리 가족은 새해 첫날에는 근처에 있는 산에 올랐고, 추석에는 달맞이하러 올림픽 공원엘 갔다. 청계산, 남산, 우면산, 안산 등등 산에 오를 때 막내딸은 초등학교도 들어가지 않은 나이일 때도 으레 가족 산행을 할 때는 모두 불평 없이 잘도 올랐다. 지금도 아이들은 새해 첫날 산에 올랐던 일들을 좋은 추억으로 말하곤 한다.

아이들의 가족일 참여

    우리 부부는 1980년 2월에 2살 된 큰딸을 데리고 미국으로 떠났다가 1990년에 1월에 아이들 넷을 데리고 한국으로 돌아왔다. 시댁은 아들만 여섯이고 남편이 맏아들이다. 우리가 10년 미국에서 유학하는 동안 시댁에서는 셋째, 넷째, 다섯째 아들이 결혼을 하였다. 시댁의 정책 중 하나는 결혼하는 아들은 일정 기간 동안 시부모님과 함께 사는 것이다. 유일하게 우리 부부는 학교 근처로 분가를 해주셨지만 둘째, 셋째, 넷째, 다섯째는 모두 일단 시부모님과 같이 살다가 다음 아들이 결혼할 때 분가하곤 하였다. 우리가 귀국하였을 땐 다섯째 아들이 결혼하여 시부모님과 함께 거주하고 있었다.

우리가 귀국한 해 봄에 마지막 여섯째 아들이 결혼을 하였다. 시부모님께서는 청첩장에 6남 대신 '막내 아들' 이라고 쓰려다 참았다고 하셨다. 난 아이들을 삼촌 결혼식에 참석시키려고 미리 중학생 큰딸과 초등학생이었던 둘째 딸과 셋째 아들 담임선생님께 삼촌 결혼으로 인하여 학교를 결석한다고 결석사유서를 보냈다. 그리고 아이들과 삼촌의 결혼식에 참석하는 것을 기대하며 기다렸다. 결혼식 날 나의 둘째, 셋째 아이들과 동갑인 사촌 아이들이 결혼식에 오지 않은 것을 보고 무척 놀라며, "왜 아이들이 안 왔어?" 하고 동서들에게 물었더니, 동서가 "형님은 한국 실정을 잘 몰라서 아이들을 데리고 왔지, 누가 삼촌 결혼식에 아이들을 데려오려고 결석을 시켜요." 했다. 난 너무 놀랐다. 우린 며칠 전부터 이 결혼식을 기다리며 대화 거리가 온통 결혼식 참석이었는데, 한국에선 삼촌 결혼식을 위해 결석을 하는 게 아니라니.

우리가 귀국해서 우리 6명 식구가 시부모님과 함께 살게 되어 여섯째 아들은 결혼 후 시부모님과 함께 사는 기회를 갖지 못하였다. 가족 행사 때마다 우리 총 가족 27명(어른 14명, 아이 13명)이 같이 모였다. 동서 6명이 모여 음식을 준비하면 금방 모든 것들이 완성되곤 했다. 가족 행사가 있을 땐 모든 아이들도 데리고 왔다. 그런데 사촌 아이들은 구석에 앉아 학습지를 모두 해야만 같이 놀 수가 있었다. 몇 집 아이들이 그렇게 여기저기 구석을 차지하고 학습지를 하곤 했다. 우리 아이들은 학습지 자체를 하고 있지 않아서 할 필요도 없었지만 가족행사로 모이는 날까지 학습지를 가져와 공부하게 하는 것은 좀 이해하기가 힘들었다.

가족모임이 있을 때마다 난 두 딸들에게 오후 5시 전에 귀가하여 음식 준비를 돕도록 했다. 하루는 둘째 딸에게 양파 껍질을 벗겨서 썰도록 하였다. 한참 있다가 돌아보니 둘째 딸이 큰 수경(수영 안경)을 쓰고 양파를 썰고 있었다. 우린 양파 썰다가 눈물이 나오고 눈이 아파도 수경을 쓰고 할 생각은 못 했는데 그것참 좋은 생각이라고 모두들 박장대소 하였다. 큰딸은 계란을 얇게 만드는 지단을 너무 얇게 잘 만들곤 해서 별명이 양씨 성을 붙여 '양지단' 이었다. 가족 행사 때마다 음식을 같이 만들곤 해서인지 딸들은 결혼 후에도 음식을 곧잘 하였다.

어느 해 추석 때였다. 마침 남편 친구가 부부 운동을 추석 전날 함께 하자고 연락을 해왔다. 동서들에게 내가 해야 할 음식과 준비는 모두 해 놓고 간다고 연락하고는 내가 없는 대신 큰딸을 대타로 투입시킨다고 하였다. 추석날 모두 모였을 때, 막내 동서가 "형님, 다음 행사 때도 형님 대신 큰딸을 투입해 주세요. 큰딸이 오니까 내 밑에 부하가 한 명 생겨 좋았어요." 했다. 난 결혼 초에 식사 준비하는 게 제일 스트레스였고 미국 유학하는 동안에도 6명 식사 준비가 제일 힘들었다. 음식 준비 하기는 칠십을 내일모레 바라보는 나이가 돼서야 음식 준비에 큰 부담을 느끼지 않게 되고 재미도 나게 되었다. 큰딸과 둘째 딸은 가족 행사 때마다 참여하여 음식을 준비하곤 하여서인지 자식들이 결혼한 후에도 식사 준비 때문에 스트레스를 크게 받지 않는 듯했다. 특히 둘째 딸은 순대를 먹을 때는 떡볶이와 오뎅을 같이 먹어야 한다며 준비하였고, 어떤 음식과는 어떤 음식을 같이 먹어야 한다고 음식의 조화를 맞춰 가며 식사를 준비하곤 하였다. 나는 "딸들이 엄마보다 백배 낫다." 항상 말하곤 한다.

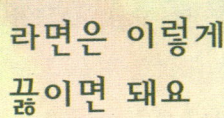
라면은 이렇게
끓이면 돼요

어느 휴일, 남편은 외출하고 나와 아이들만 남았을 때 점심으로 라면을 먹자는 의견이 나왔다.

난 얼른 "내가 돈을 낼게." 했다.
둘째 딸이 얼른 "내가 사 올게." 한다.
첫째 딸이 "난 끓일게." 했다.
이리저리 눈치를 보다 여태 아무 말도 못 한 아들에게 모두들
"넌 설거지."
유치원생인 막내딸은 깍두기!

이렇게 해서 난 돈만 내면 라면이 준비되어 먹기만 하면 되었고 설거지는 아들이 하였다. 그리곤 아들이 설거지하는 동안, 딸들이 "엄만 가만히 앉아 있기만 해요, 우리가 커피랑 과일 준비 할게요."
이렇게 해서 우리의 휴일 점심은 모두가 행복하게 마무리된다.

난 아이들에게 간혹 "엄마도 너희랑 똑같아, 너희가 배고플 땐 엄마도 배고프고, 너희가 힘들 땐 엄마도 힘들어, 엄마가 너네보다 좀 더 어른 일뿐이야." 하곤 했다. 그래서 나와 아이들은 매우 동등한 관계였다. 난 나 스스로가 아이들에게 모든 것을 베풀기만 하는 그런 엄마가 되려고 하지도 않았고, 그렇게 할 수도 없었다. 너무 아이들만 위해 모든 것을 엄마가 다해주려고 한 경우, 아이들이 기대에 미치지 못하면 엄마로서 갖는 실망이 매우 클 것 같다.

난 참
바보처럼 살았네요

　네 명 아이들이 초, 중, 고, 대학교를 다니고 있었다. 아이들은 학교를 다녀오면 각자 방에서 공부도 하고 게임도 하였다. 그러다 보니 대부분의 집안일은 내 차지였다. 나도 낮에는 강의하고, 계속적으로 연구 때문에 신경 쓰고, 회의하느라 바쁜 하루를 보내고 집에 돌아오면 '누가 나를 위해 저녁 식사를 준비해 주었으면' 하는 바람이 절로 생겼다. 미국 10년 유학생활 때도 아이 넷을 데리고 내가 모든 집안일을 돌보았다. 한국에 돌아와서 시부모님과 10년을 살 때는 종일 집안일을 돌보는 도우미 아줌마가 있어서 좋았다. 그러나 우리 식구가 학교 근처로 분가하면서부터는 모든 집안일은 내 차지였다. 10년간 도우미 아줌마가 방 청소도 다 해 주는 것에 익숙해졌던 가족들이라 각자 방에 들어가 버리곤 누구도 나를 도와주려고 하지 않았다.

어느 날, 나는 '집안일 분담표'를 개발하였다. 왼쪽 밑으로는 우리가 해야 할 집안일들을 나열하였고, 위 오른쪽으로 가족 구성원을 나열하였다. 집안일로는 각자 방 청소, 거실청소, 부엌청소, 화장실 청소, 화초 가꾸기, 강아지 밥 주기, 식사 준비, 설거지, 빨래하기, 빨래 개기, 식탁 준비, 다림질을 나열하였다. 가족구성원은 아빠, 엄마, 큰딸, 둘째 딸, 아들, 막내딸 이렇게 여섯 명이다.

가족구성원을 모두 모아 놓고 집안일 분담표를 보여주면서 모두 2가지씩을 선택하라고 하였다. 각자 방 청소는 모두 기본적으로 체크하고 그 외에 두 가지를 체크하라고 한 것이다. 아빠는 방 청소와 화초 가꾸기를 선택하였고, 나머지 다섯 명은 각자 방 청소 외에도 두 가지씩 더 선택하였다. 그랬더니 서로 쉬운 일을 고르려고 난리를 치면서 각자 두 가지를 골랐다. 나는 남은 것을 선택하다 보니 식사 준비와 다림질이 내 차지가 되었다. 아들은 화장실 청소와 강아지 밥 주기를 골랐다. 막내딸이 "엄마가 너무 간단한 일들을 선택한 거 같아." 하고 말했다. 막내가 생각하기엔 식사 준비는 으레 엄마가 하던 일이고 그 외에 다림질하기는 너무 쉬운 일로 생각이 되었던 것이다. 그러자 둘째 딸이 "너 다림질이 얼마나 힘든 일인 줄 알아? 그거 무척 힘든 일이야!" 하고 나를 두둔한다. 그렇게 해서 우리 집 일들을 여섯 명이 골고루 나눴다.

그때부터 남편은 베란다 화초를 얼마나 잘 가꾸는지 모른다. 완전히 화초 지킴이가 되었다. 지금도 우리 집 넓은 베란다에는 화초가 가득 있고 사철 꽃이 지는 때가 없다. 얼마 전 우리 부부가 이사할 때 화초가 너무 많으니 좀 버리고 가자고 했더니, 남편 왈, "화초를 버리면 죽을 텐데 어떻게 버리고 가냐." 하면서 모두 가져왔다.

집안일 분담표를 실시한 후, 아들이 혹시 강아지 밥을 안 주고 학교 갔을까 봐, 내가 아들에게 확인하려고 전화를 걸 때가 있다. 내가 "아들 너.." 하고 말을 시작하자마자 아들은 "강아지 밥 줬어요." 하고 대번에 말했다. 그로부터 모든 가족 구성원들은 각자 맡은 일들을 얼마나 잘들 하는지 나도 놀랐다. 그런 모습들을 보면서 속으로 '난 참 바보처럼 살았네요.' 하고 가슴을 쳤다.

집안일 분담표

할 일 리스트	아빠	엄마	첫째	둘째	셋째	막내
각자 방 청소	✓	✓	✓	✓	✓	✓
거실청소			✓			
부엌청소				✓		
화장실청소					✓	
화초가꾸기	✓					
강아지 밥주기					✓	
식사준비		✓				
설거지				✓		
빨래하기			✓			
빨래개기						✓
식탁준비						✓
다림질		✓				

강아지
다이어트

우리 집 강아지는 둘째 딸이 이 주 된 시추 강아지를 코트 주머니 속에 넣어 가져와서부터 기르게 되었다. 그때 둘째 딸이 대학 1학년이었는데 25살 되면서 결혼했고 바로 미국으로 유학을 떠났다. 그전에 큰딸은 결혼했고, 그 후 아들과 막내딸도 떠나고 우리 부부만 남게 되었다. 우린 본래 강아지를 좋아하지 않는 데다가 자주 해외학회도 나가게 되어 강아지를 제대로 돌보기가 힘들었다. 미국 간 둘째 딸은 나에게 강아지를 미국으로 데려다 달라고 하면서 안 그러면 다른 강아지를 키우겠다고 하였다.

강아지를 미국으로 데려가는 방법에 대해 알아보았더니, 케이지에 넣은 무게가 5kg 이하면 의자 발밑에 놓고 갈 수 있고, 5kg이 넘으면 짐칸에 넣어 가야 한다고 하였다. 케이지를 가벼운 것으로 사서 강아지를 넣고 무게를 재보니 5.5kg였다. 체중을 10% 감량해야 의자 밑에 넣고 갈 수 있었다. 마치 체중이 55kg인 사람이 50kg으로 감량해야 하는 것과 같았다. 나는 그동안 비만 관리에 대한 연구들을 하고 있었기 때문에 강아지에게도 사람과 똑같은 체중감량 전략을 적용하기로 하고 구체적인 계획을 세웠다.

미국에서 수행된 한 연구에서 비만 관리를 위해 실험 연구를 실행하였다. 3가지 실험 중재군이 있었고 아무런 중재도 하지 않은 대조군이 있었다.

첫 번째 실험군 : 식이조절만 제공한 그룹
두 번째 실험군 : 운동만 제공한 그룹
세 번째 실험군 : 식이조절과 운동을 모두 제공한 그룹
대조군 : 아무런 중재도 제공하지 않은 그룹

실험 효과를 보면, 체중 감량을 성공적으로 한 그룹은 식이조절 그룹과 식이조절과 운동을 동시에 적용한 그룹이었고, 운동만 한 그룹은 대조군과 비교하여 별로 체중을 감량하지 못하였다. 이 결과를 보면 체중을 감량하기 위해서는 운동만 해서는 감량하기 어렵고, 식이조절을 함께 하거나, 아니면 식이조절만 잘해도 체중은 감량될 수 있다는 것이다.

이 연구 결과를 적용하여 강아지 무게 감량을 위해 식이조절과 운동을 함께 하는 것으로 계획을 세웠다. 강아지 먹이는 저열량 먹이로 바꾸고, 물론 양도 줄였다. 매일 내가 퇴근 후 강아지와 함께 2킬로미터 이상을 뛰었다. 그 결과 한 달 만에 10% 감량에 성공하였다. 바로 미국행 비행기를 예약하였고 물론 강아지도 자리는 없어도 비행기값을 지불했다.

강아지를 케이지에 넣고는 의자 밑에 놓았다. 얼마간은 조용히 가더니 그다음부터는 두 손으로 케이지를 긁기 시작했다.
빡빡빡빡......
앞에 앉은 분이 힐끗힐끗 뒤를 쳐다보기 시작하였다. 도저히 참을 수가 없어서 강아지를 꺼내려니 승무원이 강아지를 밖으로 꺼내면 안 된다고 하였다. 그러나 계속 긁는 소리에 양옆, 앞뒤 모두 나에게 눈치를 주니 도저히 참을 수가 없어서 살짝 꺼내어 무릎에 놓고는 담요로 덮었다. 그랬더니 강아지도 힘들었는지 금세 깊이 잠이 들었다.

아이들이 플로리다에 살고 있었기 때문에 애틀랜타까지 14시간을 비행한 후, 2시간 쉬었다가 1시간 정도를 올랜도로 비행해야 했다.
열 시간 정도 지난 후, 강아지를 화장실에 데리고 가서 소변을 보게 하였다. 휴지를 잔뜩 깔면서 거기다 일을 보라고 하였지만 기어이 휴지를 깔지 않은 곳을 골라 소변을 잔뜩 봤다. 마른 휴지로 닦고, 젖은 휴지로 닦고... 한참 동안 화장실 청소를 해야만 했다.

다시 하라고 하면 못할 것 같은 경험을 하면서 강아지를 데리고 드디어 올랜도에 도착해서 둘째 딸을 만났는데 나보다 강아지가 딸을 보고 얼마나 좋아하던지.

그렇게 미국까지 간 강아지는 그로부터도 8년을 더 살았다. 나이가 들어 강아지가 잘 걷지 못할 때는 유모차 의자에는 손녀딸을 태우고, 밑에 칸에는 강아지를 태우고 산책하였다. 17년을 살고는 손녀딸 품에서 눈을 감았다고 한다.

브레인 스위치 돌리기

    2016년 8월 퇴직을 앞두고 6월 학기가 끝날 무렵, 난 '마지막 강의(last lecture)'를 하였다. 학부생, 대학원생, 선배 교수들, 후배 교수들, 나의 대학 동기들, 남편과 큰딸 부부가 참석하였다. 나의 삶에 대한 조명과 함께 그동안 교수 생활 동안 수행한 연구들을 소개하였다. 학생들이 나에게 묻고 싶은 질문들을 종이에 적어 주었다. 그중 한 질문은

    '미국에서 아이 넷을 키우면서 박사학위까지 마칠 수 있었던 비결이 무엇입니까?'

그 질문에 대한 대답으로 난 '브레인 스위치 돌리기'라고 했다. 1984년부터 한국으로 귀국하기 직전까지 연구원 생활을 오전에 하였고, 강의수강이나 개인 연구는 오후에 하였다. 4시에는 자전거를 타고 집으로 향했다. 자전거를 타고 가면서 나의 브레인 스위치를 학교모드(mode)에서 집모드로 바꿨다. 오늘 저녁엔 무슨 메뉴로 저녁을 해결할지, 저녁 후에는 어떤 아이를 데리고 어디를 가야 할지, 아이들이 잠든 뒤에는 어떤 과제의 공부를 해야 하는지, 등등. 아침에 자전거를 타고 학교로 갈 때는 나의 브레인 스위치를 집모드에서 학교모드로 바꿨다. 오전에 연구소에서 분석할 과제는 무엇인지, 오후에 할 내 개인 연구과제는 무엇을 해야 하는지, 등등.

남편에게 가끔 "그 일을 하면서 이 일도 같이하면 안되요?" 하고 요청하면 "난 한 번에 두 가지 일은 못 해." 한다. 예를 들면, 텔레비전을 보면서 빨래 개기를 못한다. 남자와 다르게, 여자의 위대함은 여러 가지 일들을 한꺼번에 할 수 있다는 것이다. 아이 젖을 먹이면서 다른 아이 먹는 것도 봐주며, 심지어 본인 식사까지 바쁘면 한다. 대개는 두 가지 일을 동시에 하는 것은 보통이다. 내가 10년간의 유학 생활을 성공적으로 했다면 순전히 브레인 스위치 돌리기를 잘한 덕이다.

어떤 일을 하면서 항상 그일 다음 일에 대한 일정을 생각한다. 아이들이 3명이나 초등학교에 다니다 보면 학부모 모임도 가끔 가야 한다. 물론 남편이 갈리는 만무하기 때문에 난 연구소일과 강의 일정을 봐가며 미리미리 일정을 조율했다. 닥쳐오는 일들을 미리미리 어떻게 대처할지 브레인 스위치를 잘 돌리며 계획을 세우지 않았다면 아이 넷을 키우며 동시에 박사학위 취득은 가능하지 않았을 것이다.

손주는 어떻게 돌보나

　요즘 친구들을 만나다 보면 손주들을 돌보아야 하므로 나오지 못한다는 친구들이 있다. 어떤 친구들은 주중에 돌보아야 한다는 친구도 있고, 다른 친구들은 어린이집에서 데려와 돌보아야 한다는 친구도 있다. 나는 아이가 넷인데도 셋은 미국에 있으니 내가 돌보아 주고 싶어도 가능하지가 않다. 그렇다면 한국에 남아 있는 큰딸의 두 아들이 그나마 가능한데, 두 손자들은 큰딸이 아기를 분만 후 육아휴직을 4년이나 하면서 키웠고, 그 후론 어린이집에 보내면서 직장이 가까운 큰사위가 어린이집에 데려다주곤 하여 해결이 되었다.

문제는 아이들이 초등학교를 시작하면서 학교에서 점심을 먹은 후 오후 12시 30분이면 학교를 마치는 것이다. 그런데 큰딸이 직업이 교사이기 때문에 한 아이당 3년의 육아휴직이 가능하기 때문에 분만 후 사용한 4년의 육아휴직 외에도 2년을 더 사용할 수가 있다면서 2년을 마저 휴직하였다. 두 손자가 한 살 터울이기 때문에 큰손자가 2학년, 둘째가 1학년까지 큰딸이 돌보아 주었다. 내년 3월이면 큰딸이 복직을 하는데, 내년에는 같이 교사를 하고 있는 큰 사위가 육아휴직을 1년 한다고 한다. 그다음에는 큰 손자가 4학년, 둘째 손자가 3학년이 되니까 아이들의 육아로 인한 문제는 비교적 해결 되는 양상이다. 우리 부부가 가까이 살기 때문에 여차하면 우리도 돌보아 줄 수는 있는데 지금까지 하루도 우리에게 두 손자를 돌보아 달라고 부탁한 적이 없다. 큰딸이 외손자들을 스스로 알아서 잘 키우는 것을 보면 어려서부터 키운 독립심 때문이 아닌가 하는 생각이 들기도 한다.

　둘째 딸네는 손녀 한 명을 두었는데 둘째 딸이 집에서 육아를 전담하는 바람에 육아 문제는 저절로 해결이 되었다. 간혹 일이 생겨도 교수로 있는 둘째 사위가 시간을 낼 수 있어서 육아로 인한 문제는 전혀 없었다. 셋째 아들네는 손녀, 손자 두 명을 두었다. 며느리가 교사이기 때문에 육아휴직으로 6년이 가능하기 때문에 아직도 3년 이상 휴직이 가능하기 때문에 아이들을 돌보는 데는 큰 문제가 없다.

　막내딸은 손녀 한 명을 두었고 앞으로 둘째, 가능하다면 셋째까지 계획 중이다. 미국에서 아이를 돌보는 방법은 부모가 돌보든가 아니면 어린이집에 맡기는 것이다. 우리 부부는 미국 유학기간중에 둘 다 학교에 다녀야 하기 때문에 아이들이 6개월 정도 되어 앉아서 놀 수만 있게 되면 바로 어린이집에 보내어 아이 돌보기를 해결했었다. 막내딸은 간호사이기 때문에 미국 간호사는 하루에 12시간을 근무하며 일주에 3일을 일하면 36시간이 전임(full time) 근무이다. 그러면 일주에 4일은 막내딸이 아이를 돌볼 수가 있다. 막내 사위는 디즈니월드에서 요리사로 일하는데 일주에 3일만 일하는 시간제(part time) 근무를 신청하였다. 그러니까 3일은 막내딸이 3일은 사위가 1일은 부부가 같이 손녀딸을 돌본다.

난 아이들에게 두 부부가 노력해서 적절한 수준의 생활비만 해결된다면 그 이상의 수입을 얻으려고 하기보다는 가족이 함께 즐기는 편을 택하라고 한다. 직업이 교사인 큰딸이나 큰 사위, 며느리가 모두 육아휴직을 최대한 기간으로 택하였는데 교사인 경우에도 모든 사람들이 육아휴직을 하진 않는다고 한다. 막내딸의 경우에도 막내딸이나 사위나 더 많은 시간을 일하면 수입은 훨씬 더 많아지겠으나 수입은 줄어들더라도 둘이 협력하여 아이 돌보기를 해결하고 있는 것이 무척 대견스럽다. 물론 사돈이나 우리 부부가 가서 도와주는 것도 가능하기는 하다. 그러나 막내딸 부부가 스스로 아이 돌보는 것을 해결하려고 노력하는 모습이 더 좋아 보인다.

시부모님 방문하기

　시댁은 아들만 여섯 명을 두었다. 모두들 결혼한 뒤, 시부모님만 두 분이 사셨다. 여섯 아들 부부는 시부모님 방문을 순번을 짜서 하였다. 한 주에 한 번씩 주말을 정해 방문한다. 아들이 여섯이니 한 달이면 4주밖에 안 되므로 아들 네 명은 한 주에 한 번씩 날을 정해 방문하고 나머지 두 명은 한 달에 한번 어느 날이든 가능한 날 한번은 방문하는 것으로 했다.

　아들마다 부모님 방문 전에는 전화를 드려 무엇이 필요한지 확인하여 사다 드린다. 우리가 부모님을 방문할 때면 난 항상 나의 아들에게 미리 알려주고 함께 방문하도록 하였다. 그럴 때마다 아들은 거의 대부분은 우리 부부와 함께 할머니 할아버지를 뵈러 갔다. 방문 전에는 시부모가 좋아하실 것들을 아들과 같이 사곤 했다. 어찌 보면 아들에게 부모님을 모시는 것에 대한 오리엔테이션이라고나 할까.

시아버지께서는 90세에 소천 하셨다. 지금은 시어머니 혼자 시아버지와 함께 사시던 아파트에 살고 계신다. 지금도 여섯 아들들은 순번을 짜서 시어머니를 방문한다. 그리곤 거의 매일 전화를 드린다. 시어머니는 평일 오전 10시경부터 오후 3시까지 노인정에 나가신다. 난 저녁에 "어머니 오늘은 어떻게 보내셨어요, 퇴근 잘하셨어요?" 하곤 문안 전화를 드린다. 그러면 어머니께서는 "네, 덕분에 오늘도 별일 없이 잘 지냈습니다, 전화 주어 고맙습니다." 하신다. 1930년생이신데 지금도 어느 아들이나 며느리보다 한자도 많이 아시고 명필이시다. 지금도 좋은 책 나온 것 있으면 사다 달라고 하실 정도로 독서도 즐기신다. 난 시어머니께 "어머니의 삶의 목표는 돌아가시기 이틀 전까지 스스로 화장실 가기예요." 하면, "네 말을 항상 기억하고 매일 조금씩이라도 운동하려고 한단다."라고 하신다. 난 시어머니와의 대화를 마치 친구와 하듯이 한다. 어떤 때 시어머니가 언짢은 말을 시작하실 때면, 내가 "누가 시어머니 아니라고 할까 봐 그러슈!" 하고 말하면 시어머니께서는 "내가 오늘 박사 앞에서 한마디 잘못 시작했다가 또 큰코다치네." 하신다.

여섯 아들이 모두 혼자 남으신 시어머니께 참 잘한다. 요즘 셋에 하나는 이혼하는 가정이 있다는데, 우리 여섯 동서는 그런 말이 나올 때마다 본인들이 기여해서 지금까지 아무도 이혼도 안 하고 잘살고 있는 것이라고들 말하며 웃는다. 특히 내 밑에 다섯 명의 동서들은 자매처럼 잘 지낸다. 아들들이 무슨 일이 있어서 시어머니를 뵈러 갈 수가 없을 때는 며느리만이라도 방문한다. 심지어 부부 다툼을 한 경우에도 남편 없이 혼자서 시어머니를 방문한다.

시부모와 며느리가 잘 지내기 위해서는 누가 더 잘해야 가능한 걸까 생각해본다. 나도 며느리가 있기 때문이다. 이에 대한 대답을 나의 시부모님은 너무 잘 보여 주셨다. 시부모님의 배려와 사랑을 며느리가 느끼게 되면 어느 며느리도 시부모님께 잘하게 된다. 그래서 나도 내 며느리를 의식적으로 사랑하려고 하고 항상 배려하려고 노력한다. 내 시부모님께서 나에게 하신 것처럼.

여섯 며느리의
명절 준비 변천사

　한국으로 귀국한 후, 난 그동안 맏아들과 맏며느리 없이 모든 시댁 행사를 준비하곤 했던 5명의 아들과 동서들에게 고마웠다. 그래서 시댁 행사 때 드는 비용을 맏아들인 우리가 해결하려고 했다. 구정과 추석 명절, 3번 제사, 어버이날, 시부모님 생신 이렇게 8번이 27명의 가족이 모이는 우리 집 행사였다.

　처음에는 가족 모임 전날, 내가 모든 음식 장만을 위한 식료품들을 사다 놓았다. 그리고 음식 준비를 위한 기초 작업을 했다. 파와 양파를 씻어 준비하고, 마늘을 준비해 놓고, 등등. 모임 당일 날 음식장만을 위해 몇 시에 집합할 것인지 동서들에게 알린다. 동서들은 시간에 맞춰 속속 도착하여 음식 준비에 착수한다. 본격적으로 시작하기 전에 모두 둘러앉아 먼저 커피를 한 잔씩 마시며 회포를 푼다. 그리곤 각자 준비할 음식을 분담하여 준비한다. 나의 큰딸과 작은딸은 오후 되면 조인하여 함께 거들었다.

동서들이 음식을 준비하고 있을 때 나의 막내딸은 또래 사촌들을 모아서 춤 프로젝트를 준비했다. 막내딸과 동갑내기 여자 사촌(3-2) 한 명, 막내딸보다 어린 남자 사촌 두 명(5-1, 5-2). 시댁에 여섯 아들의 아이가 모두 13명이었다. 이름만으로 구분하기가 만만치 않아서 우리는 아이들을 몇째 아들의 몇째 아이라는 식으로 구분하였다. 가령 우리네 아이들은 1-1, 1-2, 1-3, 1-4이다. 막내딸은 명절 때마다 3명의 사촌을 데리고 춤 공연을 준비하곤 했다. 가족식사가 끝난 뒤에는 막내딸과 사촌들의 춤 공연을 관람했다. 특히 5-2는 어린데도 누나들이 하는 것을 힐긋힐긋 봐가며 잘도 따라 했다. 아이들의 춤 공연을 보는 것이 가족모임의 하이라이트였다. 막내딸의 춤 프로젝트는 막내딸이 초등학교를 졸업할 때까지 계속되었다.

그렇게 몇 년을 첫째인 우리가 명절 음식 준비를 하다 보니 비용이 많이 들었다. 그다음 단계로 변화한 시댁 행사 준비는 동서들이 준비할 음식 메뉴를 나눈 후, 각자 장을 봐서 시댁으로 가지고 와서 음식을 준비하는 것이다. 동서들이 어떤 음식을 준비할 것인지를 정하는 것은 맏며느리인 나의 역할이다. 동서들의 특기를 살려서 음식을 분담한 후, 동서들에게 알린다. 대개는 별 불평 없이 받아들였다. 비용이 많이 드는 갈비찜과 국물이 있는 음식들과 과일은 첫째가 하고, 나물 3가지, 잡채, 전 3가지, 녹두전, 생선을 5명 동서가 나누어 준비한다.

귀국 후, 시부모님과 10년 같이 살다가 학교 근처로 분가하게 되었다. 그 이후 어버이날과 부모님 생신 모임을 제외한 시댁 행사는 맏아들인 우리 집에서 하게 되었다. 대부분 강남쪽에 사는 동서들이 시장을 봐서 연희동에 있는 우리 집까지 와서 음식을 준비하는 게 다소 어려웠다. 지방이나 분당에서 와야 하는 동서들은 특히 어려웠다. 그래서 다음 단계로 변화했는데 각자 음식을 완성해서 모임 당일에 가져오는 포틀럭(potluck) 방식이다. 명절에는 아침에, 제사는 저녁에 집합 시간을 알리면 동서들이 제각기 음식을 준비해서 모였다.

포틀럭으로 준비하기 위하여 내가 제일 먼저 해야 하는 일은 동서그룹 카톡에 첫째는 갈비찜, 닭, 두부, 국, 김치, 과일을 준비한다고 알린 후, '아래 음식 중 고르시오.' 하고 음식들을 나열한다. 그러면 재빠른 동서들이 먼저 음식을 선택한다. 그렇게 음식을 선택하다 보면 늦게 본 동서는 남은 음식을 해야 한다. 그러나 동서들 간에 음식 조정은 얼마든지 가능하다. 동서 카톡에서 서로 의사소통을 해서 다른 음식으로 어느 동서와 바꾸자고 제안하면 대개는 조정이 된다. 가끔 동서 중에서 리스트에 없는 음식, 예를 들면 연어 샐러드나 골뱅이무침을 제사 때 해오겠다고 한다. 그러면 리스트에 있는 음식을 누군가는 더 준비해야 하는 불상사가 생기는 것이다.

가능하면 동서들의 제안을 받아들이지만 경우에 따라서는 '동서 여러분, 카톡 리스트에 있는 음식 중에서 우선 선택하시오, 리스트에 없는 음식을 추가로 준비하겠다는 분은 땡큐베리마치 입니다.'라고 올린다. 또한 집합시간, 참석자 범위를 알린다. 가령 시부모님 생신과 명절 모임은 모든 가족 참석 필수, 제사는 부부는 필수이지만, 자녀들은 가능한 사람들만. 그러나 나의 4자녀는 모든 행사에 필수 참석 대상이다.

시댁 여섯 아들의 자녀들이 하나둘 결혼하면서 우리 집에 모이는 수가 늘어나고 있다. 여섯 아들이 낳은 13명 자녀들의 성별 분포는 딸이 6명, 아들이 7명이다. 내가 딸을 세 명 낳아서 성별이 고르게 분포하는 데 기여했다. 딸이 결혼한 경우에는 시집으로 행사를 참여하지만, 아들이 결혼한 경우에는 며느리까지 우리 집으로 온다. 내 큰딸은 자기네 시댁 행사 후 항상 우리 집 행사에 참여하기 위해 서둘러 오곤 한다. 현재 아들 7명 중 둘만 결혼했지만, 나머지 다섯 명이 모두 결혼하면 우리 집에 모이는 며느리들 5명이 더 늘어나고 그들의 자녀들까지 생기면 더 증가할 추세이다.

며느리들만의
여름휴가

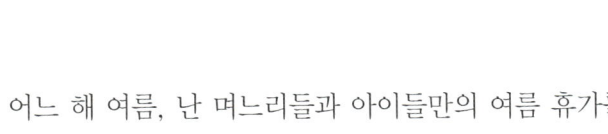

    어느 해 여름, 난 며느리들과 아이들만의 여름 휴가를 계획하였다. 시부모님과 함께 살고 있을 때였지만, 맏며느리가 계획하는 여름 휴가라 시어머니는 별말씀 없이 허락하셨다. 휴가 참여 대상은 여섯 명의 며느리들과 1-1(첫째 아들의 첫째)부터 6-2(여섯째 아들의 둘째)까지 13명의 아이들이었다. 전북 해안가에 있는 한 대학의 휴양지로 지어진 곳에 큰 방 하나를 예약하였다.

    며느리 여섯 명과 아이들 13명이 모두 우리 집에 집결하였다. 이박삼일 간의 여행이고 식사는 휴양지에서 모두 제공하므로 수영복과 몇 가지 옷만 챙기고 몸도 마음도 모두 홀가분하게 자동차 네 대에 나눠 타고 떠났다. 떠나는 우리에게 시어머니께서 "떠나는 너희는 즐거워 보여 좋다마는, 남아 있는 여섯 아들을 생각하니 내 마음 한 켠이 좀 그러네." 하시면서도 웃으며 우리를 떠나보내 주셨다.

그때는 내비게이터도 없을 때인데 어디서 났었는지 워키토키를 각 차마다 구비한 채 계속 우리는 서로 연락하며 운전해 갔다. 우리는 나와 네 명의 아이들 합이 다섯이라 한 차로도 꽉 찼지만, 아이가 한 명이거나 두 명인 집들은 차량을 나누어 타고 가게 되어 여섯 가족이 모였어도 네 차로 충분하였다. 중간 휴게소를 정해 쉬면서 맛난 것도 사 먹고 커피도 마시고 마냥 즐거웠다.

목적지에 도착하니 앞바다가 시원하게 펼쳐있는 곳에 휴양소가 있었다. 아주 큰 방 하나를 빌렸으므로 그 방에 옷을 남겨두고 모두 바닷가로 나갔다. 동서들과는 바닷가에서 사진도 찍고, 아이들은 서로 어울리고 도와가며 잘도 놀았다. 무엇보다 동서들이 좋아했던 것은 하루 세끼가 모두 휴양소에서 제공되는 것이었다. 집에서 매일 식사 준비만 하던 동서들이라 사흘 간 해주는 밥만 먹으니 그것이 제일 좋았다고 하였다. 모처럼 밥으로부터의 완전 해방이었다. 대학 휴양소를 빌린 것이라 숙박비나 식사비가 모두 저렴했고 사흘 동안을 너무 신나게 놀고 돌아왔다. 지금도 동서들은 이때의 여름휴가를 회상하며 즐거워하곤 한다.

여름 휴가를 그 후로 함께 모두 같이 갈 기회를 갖지 못했다. 그러나 지금도 가끔씩 동서 번개팅을 한다. 내가 동서그룹 카톡에 '모월 모일 모시 모처에서 동서 번개팅에 참여할 동서는 손드시오.' 하고 카톡에 올리면 저요 저요 하고 카톡에 알려온다. 이제는 우리 집네 아이는 이미 모두 결혼했고, 여섯째 아들네 막내딸도 대학을 졸업할 즈음이 되다 보니 동서 번개팅에 홀가분하게들 참석한다. 특히 가을 억새가 만발할 때가 되면 상암동 하늘공원에 억새 구경을 하러 간다. 모두 내리는 전철역에서 내가 운전하는 차로 이동하여 억새풀 속에서 사진도 찍고 대화도 하고, 맛난 음식도 먹는다. 여섯 명동서 중 나와 막내 동서는 각자 집안의 막내딸이고, 나머지 네 명의 동서들은 모두 맏딸들이다. 동서들의 나이도 첫째인 내가 제일 많고 막내 동서가 가장 젊은데 그 중간에도 모두 조금씩 나이가 순서대로 차이가 난다. 우연이지만 기가 막힌 조화이다. 난 친정에서 막낸 데다 친정 식구들이 모두 해외에 있다 보니 동서들이 내 동생들같이 여겨져서 한동안 안 만나면 번개팅이라도 해서 만나고 싶어진다. 동서 간의 이러한 막역한 관계 때문에 내가 해외 출장이 있을 때도 제사나 시부모님 생신 같은 집안 행사들을 동서들이 돌아가며 잘도 수행해 준다.

우리집
음력설 모임

음력 설날 우리 가족은 모두 모여 풍성한 명절을 보낸다. 설음식은 동서들이 각자 포틀럭으로 준비해 온다. 27명이 모여 식사를 하려면 두 그룹으로 나누어 식사해야 하기 때문에 식사를 끝내는 데도 2시간은 걸린다. 식사 후에는 가족 세배 시간이다. 먼저 시부모님께 여섯 아들들의 가족이 차례차례 세배를 드린다. 그다음에는 여섯 부부가 둘러서서 인사를 한 후, 돌아가며 밝은 새해에 대해 덕담을 한다. 그다음엔 여섯 부부가 차례로 앉아서 아이들의 세배를 받는다. 이렇게 세배를 마치고 나면 또 2시간은 걸린다.

세배를 모두 마친 다음에는 윷놀이를 한다. 거실에서는 시어머니가 후원하는 천여사배 윷놀이를 여섯 부부가 한다. 세 부부씩 예선을 거치는데, 예선전을 하기 위한 조구성은 사다리 타기를 하여 두 개조로 나눈다. 예선에서 올라온 4팀이 본선을 치러 우승 부부를 결정한다. 우승 상금은 시어머니께서 수상하시는데 매해 상금의 규모와 배부 방법은 다르다. 어떤 해는 차등을 두기도 하고, 어느 해는 상금이 등수에 상관없이 똑같기도 하다. 순전히 시어머니 맘이다.

거실에서는 여섯 아들 부부가 천여사배 윷놀이를 하고, 안방에선 아이들이 큰 엄마(백모)배 윷놀이를 한다. 자연 내가 스폰서다. 두 명씩 여섯팀을 구성한 후, 세팀이 한 조로 예선전을 벌인다. 예선에서 상위 두 팀이 올라가고 본선에선 네 팀이 경합을 한다. 결혼한 내 큰딸 부부도 한 팀을 이뤄 큰 엄마배 윷놀이에 참가한다. 나는 등수에 따라 차등 상금을 준비하여 여섯팀 모두에게 지급한다.

거실과 안방에서 한판의 윷놀이들이 모두 끝나면 아침에 시작한 설 행사가 거의 오후 1시쯤이 되어 마치게 된다. 윷놀이 예선에서 탈락한 동서들은 윷놀이 본선이 진행되는 동안 돼지고기 김치찌개로 점심을 준비한다. 아침으로 기름진 음식들을 먹었기 때문에 점심으론 매콤하고 시원한 김치찌개로 마무리를 한다. 남은 명절 음식들은 여섯 형제와 시부모님을 포함하여 일곱 가정으로 골고루 나누어 배분한다.

설날이 다가오면 우리 가족들은 모두 기대에 차서 설을 기다린다.

동서들은 음식 종류를 미리 나누어 준비하고, 여섯 형제는 13명 자녀에게 줄 세뱃돈을 준비한다. 그리고 시어머니와 난 윷놀이를 후원할 상금을 준비한다.

　미국에서 우리 가족이 돌아온 지 30년이 가까워 오지만 지금까지도 여전히 온 가족이 모여 설을 즐긴다. '까치 까치 설날은' 하는 동심은 사라졌지만, 가족 모두가 설레는 마음으로 설맞이를 한다. 우리 집 명절 지내기 이야기는 십여 년 전 주부생활 잡지에 게재되기도 하였다.

친구 같은 시어머니

　미국에서 10년 유학생활하는 동안 나와 시어머니는 매주 한 번씩 편지를 교환하였다. 시어머니께서는 '사랑하는 아들, 며느리에게' 난 '사랑하는 아버지, 어머니께'로 시작하는 편지를 매주 10년간 교환하였다. 아이들의 성장 모습들을 찍은 사진들을 편지에 넣어 보냈다. 내가 받은 시어머니의 편지를 난 아직도 가지고 있다.

　시댁에 여섯 아들 중 첫째와 막내만 연애결혼을 했고 나머지 네 아들은 소개로 배우자를 만나 결혼하였다. 네 아들이 소개받은 여자와 만나러 가는 날에는 데이트 비용도 챙겨주시며 아들들의 연애를 시어머니가 코치하곤 하셨다.

시어머니는 전체 27명 가족의 생일과 아들들의 결혼기념일을 모두 챙기신다. 특히 며느리의 생일 하루 전에는 꼭 아들에게 전화하여 "내일이 네 처 생일이다, 꼭 외식하렴, 사랑한다고 말하는데 돈 드냐, 사랑한다고 꼭 말하렴." 하고 일러 주신다. 그리고 모든 가족 생일 때마다 생일 케이크 값을 주신다. 나도 잘 기억 못 하는 내 아이들의 음력 생일까지도 시어머니는 모두 기록해 놓고 일러주신다.

결혼한 첫해 내 생일 때는 시어머니께서 시동생 두 명에게 양념갈비와 케이크, 김치를 들려 신혼집으로 보내셨다. 우리끼리 저녁 식사를 다 한 후에야 늦게 귀가한 남편은 현관에 많은 신발을 보고 웬일인가 하고 놀랐었다. 마누라 생일은 까마득히 잊은 채. 그 후부터는 시어머니께서 모든 며느리 생일 전에 아들들에게 전화로 일러주신다. 지금까지도. 시어머니 덕분에 내 남편은 신혼 후로는 한해도 내 생일을 잊은 적이 없다. "어떻게 기억했어, 바쁜 사람이." 하면 "어머니께서 일러주셨지." 한다.

나는 1976년에 시집을 왔는데 지금까지도 시어머니가 언짢은 말씀을 나에게 하신 적이 한 번도 없다. 물론 다른 며느리들에게도 마찬가지 일 것이다. 며느리가 맘에 안 드는 적이 왜 없겠냐마는 시어머니는 항상 며느리의 입장에서 이해하려고 하신다. 시어머니께서는 철저한 시집 우선주의원칙을 고수하시지만 그 울타리 내에서 며느리들에 대한 배려는 매우 깊으시다. 시어머니께 배운 며느리 사랑으로 나도 내 며느리에게 내리사랑을 전하려고 노력하고 있다.

미국에서 돌아와 시부모님과 10년을 함께 살았다. 일요일에는 도우미 아줌마가 휴일이라 그날은 내가 식사 당번이었다. 어떤 날은 내가 낮잠을 자다가 저녁도 훨씬 지난 시간에 깨어 허겁지겁 아래층으로 내려왔다. 그랬더니 시어머니께서는 "애야, 내가 뭐 너에게 기분 나쁘게 한 일 있었니?" 하셨다. 난 "잠깐 자려는 낮잠을 그만 너무 오래 자버렸어요." 했더니 시어머니께서는 "난 네가 기분 나쁜 일이라도 있어서 안 내려오는 줄 알았지!" 하셨다. 이미 우리 가족들의 저녁 식사는 시어머니께서 모두 해결을 한 뒤였다.

어느 일요일에는 내가 시어머니께 "어머니, 우리 식구들은 저녁으로 피자 시켜 먹을 거예요, 아버지랑 어머니 저녁은 어머니가 해결하세요." 하고 말했다. 어찌 생각해 보면 너무나 맹랑한 며느리의 발언이다. 그러나 시어머니께서는 "오늘 저녁엔 우린 밥도 먹고 피자도 먹고 아따 복 터졌네." 하며 받으셨다. 이렇게 나와 시어머니는 마음에 있는 말을 솔직히 하며 지내고 있다. 어찌 들으면 기분이 나쁠 수도 있는 말들도 서로를 잘 알기 때문에 기분 나쁜 마음으로 한 말이 아니 란걸 알기 때문에 한 번도 시어머니와 언짢은 대화를 나누어 본 적이 없다.

한번은 시어머니와 우리 부부가 삶을 어떻게 마무리하는 게 좋을지 의견을 나눈 적이 있다. 그때 우리 선배의 아버지께서 곡기를 끊음으로써 삶을 마감했다는 애기를 나눴다. 80대 후반의 선배 아버님께서는 모든 가족들을 불러 놓은 후, "난 이제부터 모든 식사를 끊고 금식으로 생을 마감하려고 한다. 얼음이나 물도 나에게 절대 주지 않도록 하라." 고 말씀하시고 열흘 후에 돌아가셨다고 한다. 그런 얘기를 나누었더니 시어머니께서는 "난 그 방법으로는 못 죽을 것 같아. 난 배고픈 걸 못 참거든." 하셨다. 이에 남편이 "어머니 하루 이틀 정도만 배고픈 거 참으면 무아지경으로 빠지면서 전혀 배고픔을 느끼지 못한대요." 했다. 이런 대화를 모자간에 또 며느리랑 나누기는 쉽지 않다. 그러나 시어머니와는 진솔하게 친구처럼 대화를 나눌 수 있기에 가능하다.

난 거의 매일 시어머니께 안부 전화를 드린다. 다른 아들들은 한 달에 한 번씩 시어머니를 방문하지만, 우리 부부는 한 달에 두 번씩은 꼭 방문 드린다. 방문 드릴 때마다 시어머니께 전화드려서 무엇을 드시고 싶은지를 확인하곤 한다. 나는 시어머니께 전화드리고, 드시고 싶은 것을 사가지고 방문할 때마다 내 아이들이 또는 내 며느리가 나에게 어떻게 해주면 좋을지를 항상 생각한다. 내 아이들이 나에게 어떻게 해주면 내가 좋을까를 생각해 보면, 내가 부모님께 어떻게 해야 부모님이 좋아하실지에 대한 대답이 나온다. 역지사지(易地思之)의 원리 라고나 할까. 많은 사람들이 자신의 부모님께는 하지 않는 효도를 나의 아이들이 나에게는 하기를 바란다. 부모가 할머니, 할아버지에게 하지 않은 일들을 자식들이 어떻게 부모에게 할 수 있겠는가.

큰딸과의 데이트

　사위가 1년간 육아휴직을 한다고 하자 주위에서 "휴직하며 뭐할 거야?" 하고 묻는다고 한다. 큰딸이 6년간 육아 휴직을 하는 동안에는 누구도 그런 질문을 한 적이 없었는데 사위가 1년 육아휴직을 한다니까 그렇게 묻는 것이다. 주위에서 사위에게 휴직하며 뭐 할 거냐 라고 물으면 사위는 "육아요." 하고 답한다. 와이프가 육아휴직을 하면 당연히 살림하고 애들 돌보겠지 하면서도 남편이 육아휴직을 한다면 뭘 할 거냐고 묻는 걸 보면 아직도 남편의 육아휴직에는 익숙하지 않은 우리 사회상을 보여준다.

큰딸은 같은 대학에서 4살 위 선배와 결혼하여 둘 다 체육교사다. 교사는 분만휴직이 한 아이당 3년이 가능하다. 아들 둘을 연년생으로 출산하면서 4년을 분만휴직 하였고, 다시 복직했다가 큰아이가 초등학교 입학하면서부터 연년생인 둘째 아이도 1학년이 되는 동안 2년 간 휴직을 하고 있다. 아이 둘을 위해 6년간 휴직을 하는 것이다. 내년에는 둘째 아이가 2학년이 되면서 큰딸은 복직을 하는데 대신 사위가 1년간 육아휴직을 한다고 한다.

큰딸이 육아휴직하고 있는 동안 나는 일주일에 한 두 번은 꼭 큰딸과 데이트를 했다. 큰딸이 "엄마, 낼 만날까?" 하고 연락하면 거의 최우선순위를 두고 만난다. 어떤 때는 아침에 두 아이를 학교에 보낸 후에, 아침에 일이 있는 날은 점심때 만난다. 나의 세 아이는 미국에 있기 때문에 유일하게 한국에 남아 있는 큰딸이 우리 부부의 듬직한 바람막이가 되고 있다.

지난해부터 매주 월요일 저녁은 큰딸네 가족 네 명이 우리 집에 와서 함께 저녁 식사를 하곤 한다. 난 손자 두 명에게 이번 주엔 뭘 먹고 싶은지 선택하라고 하면서 몇 가지 메뉴를 제시해 주곤 한다. 예를 들면, 김밥, 만두, 돈가스, 로스비프, 스파게티, 비빔밥 등등. 최근엔 김밥은 한 달에 한번은 선택되는 메뉴다. 김밥 재료로 불고기, 시금치, 달걀, 노란무, 우엉, 어묵, 당근과 양파 볶은 거 모두 7가지를 준비하여 식탁에 펼쳐 놓는다. 각자에게 매트 위에 김을 한 장씩 나눠주면 각자 취향에 맞춰 김밥을 만든다. 난 참기름을 말라 김밥을 썰어 각자의 접시에 담아 준다. 여러 번 거듭되다 보니 초등학교 1학년과 2학년 손자들이 제법 김밥을 잘 만든다. 만두를 만드는 날도 손자들은 별모양, 달모양 만두를 만들고, 큰딸과 사위는 동그랗고 예쁜 만두를 잘도 만든다. 각자의 주문에 따라 난 찐만두나 군만두를 해주곤 한다. 큰딸과 사위는 일주에 하루 저녁 식사를 해결해서 좋고, 손자들은 한 주에 한 번씩 요리 프로젝트를 해서 좋고, 우리 부부는 한 주에 한 번은 큰딸네 온 가족을 만나서 좋다. 바로 1석 3조의 전략이다.

큰 사위는 우리집 지킴이이다. 하루는 남편이 사용하는 화장실 싱크대 밑동이 떨어졌다. 내가 "밑동이 떨어져 물이 막 새고 있네." 했더니 남편 왈, "그래서 내가 물을 살살 틀어서 쓰고 있어."라며 아주 귀엽게 말을 한다. 고칠 생각은 전혀 하지도 않은 채 물을 많이 틀면 옷이 젖으니까 물을 살살 틀고 쓴다는 것이다. 어느 날, 싱크대가 고쳐져 있어서 난 남편이 어떻게 그걸 고쳤을까 의아해했는데, 아니나 다를까 사위가 부품을 사다가 고쳐 놓은 것이었다. 큰 사위는 우리 집을 올 때마다 집에 어디 손 볼 곳이 없나 하고 살핀다. 그래서 우리는 어딘가 문제가 있으면 으레 사위에게 말해서 해결하곤 한다.
 또 우리 집에서 고기를 구워 먹을 때는 큰 사위가 시간이 될 때만 일정을 잡는다. 한 번도 큰사위 없이 고기를 구워 먹은 적이 없다. 왜냐하면 고기 굽는 준비와 실제로 고기 굽는 모든 것을 사위가 하기 때문이다. 한번은 내가 친구들에게 "우리 집에선 큰사위 없으면 고기를 안 구워 먹는다."고 했더니 모든 친구들이 너무 놀라 했다. 그런 반응들을 봐서는 친구들은 사위에게 고기 굽게 하는 일이 보통 일은 아닌가 보다.

저녁은 예약제

나와 남편은 같은 대학에 교수로 재직하였다. 특히 남편은 교수로 채용되고 나서부터 학교 보직을 거의 20년 넘게 하였다. 그러다 보니 저녁을 회의하면서 외식하는 경우가 많았다. 공식 회의가 아니더라도 남편의 넓은 사회생활 덕에 저녁을 외식하는 경우가 대부분이었다. 그러나 가끔은 집에서 저녁을 먹을 때도 있었다.

그래서 남편이 집에서 저녁 식사를 할 때는 식사 예약을 최소 두 시간 전에 하도록 일러두었다. 그래야만 나도 나대로 내 일을 하면서 시간을 효율적으로 사용하고 또 식사 준비를 할 수 있기 때문이다. 물론 남편이 저녁 예약을 하면 나는 가능한 한 다른 어떤 일들보다도 최우선으로 남편의 예약을 접수하여 집에서 저녁을 준비한다. 간혹 나도 회의가 있어서 외식을 하게 되는 경우에는 예약을 받지 못한다. 그러면 남편이 스스로 저녁을 해결했다.

지금은 둘 다 퇴직하여 남편은 흔히 말하는 집에서 꼬박 세 끼 식사를 하는 삼식이가 되었다. 남편은 삼식이가 되지 않게 하는 방법은 하루에 식사를 두 끼만 하는 것이라며 오전 9시에서 10시경 아침 식사를, 그리고 6시경 저녁 식사를 하는 이식으로 하자고 한다. 물론 아직도 남편은 넓은 사회활동으로 점심과 저녁 약속이 많기는 하다. 그렇게 많은 식사 약속도 남편 왈, 삼식이를 피하기 위한 방법이라고 한다.

나는 그동안 일 년에 한두 달은 해외 출장을 갔고, 퇴직 전후 5년 간은 방글라데시를 위해 일을 했다. 그중 3년은 연간 150일, 2년은 거의 상주 하면서 했다. 남편은 혼자 집에서 이식이든 삼식이든 해결했어야 했다. 그리고 평생 내가 조교 겸 비서 겸 남편의 일들을 도왔는데, 스스로 원고도 컴퓨터로 치고 이메일 보내고 하는 일들을 혼자 해결했어야 했다. 나는 속으로 하나님이 주신 기회라고 생각하였다. 내가 해외에 장기간 나가지 않았으면 평생 가능하지도 않은 일들이 일어난 것이기 때문이다. 남편은 인터넷으로 찾아 된장국, 미역국 등 음식하는 것도 배웠고, 혼자 원고를 쳐서 보내는 것도 했다. 마누라가 무슨 일을 하는 사람인지 인지하지 못 한 채 살아온 평생이었는데 퇴직 후 혼자 2년을 살다 보니 마누라가 귀한 존재라는 것을 드디어 알게 된 것이다. 난 남편에게 "당신은 행복한 사람이에요, 기다려도 돌아오지 않는 마누라도 있는데, 당신은 기다리면 오잖아요." 했다.

해외 생활을 마치고 돌아와 우리 부부는 다시 신혼처럼 노후를 보내고 있다. 남편은 지금은 식사 후 본인이 사용한 그릇들을 부엌으로 가져다 놓는다. 큰 발전이다. 둘이 천 미터 넘는 높은 산에도 등반하고, 골프도 치고, 당구도 치고, 부부모임도 자주 하고, 동네 산책도 같이한다. 아직도 앉아 있는 남편의 옆 모습을 보면 코가 동그란 게 귀엽다. 심술궂은 영감이라고 생각될 때도 많지만 우린 친구처럼 노후를 보내고 있다. 단지 우리 둘이 친구라면 어떻게 한 친구는 식사 준비도 하고 커피도 타주고, 과일도 깎아주고, 방 청소도, 빨래도 하는데 한 친구는 가만히 앉아서 해주는 것을 받기만 하는 걸까 하는 의문이 든다. 물론 남편이 집 안팎의 청소와 관리를 해주기도 하고 내가 자유롭게 활동하도록 해주는 것으로 위안을 삼고 있다.

내가 시어머니께 이런 남편의 태도에 대해 불평하면 "네 시아버지와 네 남편을 비교해보면 어떠냐?" 하신다. 그러면 내가 "내 남편이 시아버지보다는 훨씬 낫지요." 한다. 그러면 시어머니께서는 "네가 나보단 형편이 훨씬 낫구나." 하신다. 내가 번지수를 잘 못 알고 말했구나 싶어 그 후론 시어머니께 남편 불만은 더 이상 하지 않는다.

**며느리
오리엔테이션**

아들이 첫눈에 반한 여자를 몇 년간 열심히 쫓아다녔다. 하긴 내 남편도 첫눈에 반한 나를 열심히 쫓아다녔었기 때문에, 아들이 그렇게 마음을 내서 쫓아다닐 여자가 있다는 걸 흐뭇하게 지켜봤다.

아들이 열심히 여자 친구를 따라다니는 것을 보니 남편과 지냈던 대학 시절이 떠오른다. 내가 1학년 때 펜싱을 했었는데 연습이 끝날 때까지 남편은 매일 체육관에 앉아서 나의 훈련 모습을 지켜보며 기다렸다. 다 마치고 난 후, 남편 얼굴 표정이 별로 안 좋아서 왜 그러냐고 물었더니 "펜싱을 가르치는 법대 4학년 남학생이 내 팔을 잡거나 어깨를 잡고 폼을 잡아 주는 게 싫어!"라고 질투를 했었다.

나와 남편은 대학 때 거의 매일 만났다. 대부분은 도서관에서 만났다. 하루는 도서관에서 공부를 하고 있었는데 종이로 접은 큰 개구리, 작은 개구리들이 내 책 위로 폴짝거리며 뛰어 올라왔다. 나는 공부하고 있는 동안 남편은 종이 개구리를 크기 별로 접어 내 책에 올려 나를 놀래 키려고 장난친 것이다. "도서관에서 공부에 집중이 안 되면 노천극장에 가서 공부하자." 하고는 노천극장으로 가서는 나란히 앉으면 집중이 안 되니까 내가 앞에 앉고 남편은 뒤에 앉아 공부하기로 하였다. 한참 공부하다가 "공부 많이 했어?" 했더니 앞에 앉은 나의 긴 머리가 흩날려서 집중을 하지 못했다고 했다. "매일 만나는데 공부를 열심히 해야지 왜 그렇게 집중을 못하는 거야?" 했더니, 나는 이기적이라 둘이 만나서도 공부에 집중을 잘하는데 남편은 공부 마친 후 데이트를 어떻게 할까를 계획하느라고 공부에 집중을 못 한다고 했다. 공부 마치고 점심은 짜장면을 먹을까, 돈가스를 먹을까, 그 후엔 탁구를 칠까 다방에서 커피를 마실까 등등을 구상하느라고. 그 결과, 난 대학 내내 등록금 면제로, 남편은 장학금 면제로 4년을 졸업했다.

하루는 3학년 때 나와 남편이 데이트를 하다가 기분이 나빠져서 화장실에 가는 것처럼 일어나서는 아예 밖으로 나와 기숙사로 버스를 타고 왔다. 신촌 학교 앞에서 버스를 내리는데 남편이 바로 앞에 서 있었다. 뒤늦게 내가 아예 가버렸다는 것을 알고는 택시를 타고 버스 정류장으로 미리 와서 기다린 것이다. 내가 화가 난 채로 기숙사로 들어가 버리면 남편은 기숙사까지 쫓아 와서는 4층에 있는 내방 바로 밑 잔디밭에서 본인이 아는 노래를 총동원해 부르기 시작하였다. 남편은 정치학을 하려면 음부터 다스려야 한다고 했지만 사실 대단한 음치였다. 노래가 점점 커지고 계속되니까 친구들이 모두 내방으로 와 밑을 내려다보면서 나에게 제발 나가서 돌려보내라고 난리였다.

그렇게 대학 졸업을 하고 남편이 ROTC를 간 후 나와 남편은 매일 편지를 2년 반 동안 교환했다. 소위 임관 후 광주군사학교 훈련 중 내무반에서 취침 점호가 끝난 후 불을 끄고 모두 누운 상태에서 우리의 대학 시절 데이트 스토리를 동료 장교들에게 밤늦게 까지 얘기해 주곤 했다고 한다. 다음 날 밤에는 "어제 어디까지 했지?" 하고 다시 이어가기를 몇 날 몇 일 하였단다. 그래서 남편네 내무반 동료 장교들이 낮에 졸기도 해서 기압을 받기도 했단다.

남편이 나를 그렇게 열심히 쫓아다녔었기 때문에, 내 아들이 여자친구를 그렇게 열심히 쫓아다니는 게 도리어 기특해 보였다. 어떤 여자인 줄은 모르지만 내가 키운 아들이 그렇게 정성을 들이는 것을 보면 어떤 여자인지는 안 봐도 비디오라고 안심하고 있었다. 여자친구가 임용고시를 공부하고 있을 때도 매일 커피와 샌드위치를 싸서 대학 도서관으로 나르는가 하면 공부를 마친 늦은 시간까지 기다렸다가 신촌에서 송파까지 데려다주곤 했다. 내가 "밤에 데려다주는 시간이 한 시간도 아니고 집에 오면 12시가 다 되는데 그래도 데려다주는 게 그렇게 좋냐?" 했더니, 그 시간 아니면 서로 이야기할 시간이 없어서 할 수 없다고 했다.

아들은 미국에서 석사를 마치고 박사를 계속하게 되어 있었는데 계속 미국에 있게 되면 이 여자와 결혼할 수 없을 거라며 돌아와야만 하겠다고 했다. 한국으로 돌아와 3년 취업하여 번 돈으로 둘의 결혼 준비를 모두 했다. 웨딩 촬영은 안 한다고 했더니 같은 직장 선배가 공원에서 둘의 웨딩 사진을 자원봉사로 찍어주었다.

이렇게 아들이 공을 들인지 거의 5년도 넘은 시점에서 둘은 결혼하여 아들의 연인은 내 며느리가 되었다. 내 며느리가 나에게 해줬으면 하는 행동들은 내가 시어머니에게 그동안 해드린 것과 같은 행동이다. 정확히 그게 정답이다. 나는 하지 않으면서 나는 내 며느리로부터 받으려고만 하는 것은 잘못이다. 명절 때마다 내 며느리는 "어머니 무엇을 준비해 갈까요?" 한다. 그럴 때마다 "넌 오는 것 자체가 선물이야 아무것도 준비하지 말고 오렴." 한다. 그럼 며느리는 꽃을 한 다발 사 오거나 예쁜 떡을 한 바구니 사 오곤 한다.

아들의 결혼 이후, 며느리에게 집안 대소사에 관한 날짜를 기억하라고 오리엔테이션을 주었다. 지금은 우리 부부의 유학 시절 시애틀에서 태어난 내 아들이 미국서 한 십 년 정도 살아보겠다고 아들 내외가 딸과 아들을 데리고 미국에 살고 있다. 미국으로 떠날 때 아들에게 "미국선 취업을 어떻게 할 거니?" 했더니 "엄마, 미국 도착해서부터 열심히 지원해서 알아볼게요." 그러더니 미국에 가자마자 대기업에 취업이 되어 나의 우려를 불식시켰다. 미국에 살면서 우리 집 제사, 시부모님 생신, 어버이날, 우리 가족 생일 등등 일이 있을 때 아들네는 꼭 연락해왔다. 어떤 때 나도 해외에 있을 때는 연락해 온 아들네 덕분에 제사인 것을 알게 되기도 하였다. 나의 큰딸에게 "어쩜 아들네는 한 번도 가족 행사를 잊지 않고 연락을 하지." 했더니 큰딸 왈, "그건 모두 며느리가 알아서 하는 거예요, 아들이 하는 게 아니고, 나도 우리 시댁 행사를 남편에게 일러주어 시댁에 연락하게 하거든." 한다. 또 큰딸 왈, "내 남편은 시부모님께 자주 전화를 드리는데 매번 내가 남편에게 전화드리도록 시키는 거야."라고 한다. 내 아들이 우리 집안 행사를 잊지 않고 연락하고 축하금도 보내고 하는 것은 며느리가 내 아들에게 모두 일러서 하게 하는 것이리라.

내 시어머니가 나에게 주신 사랑을 나도 내 며느리에게 주려고 노력한다. 내 시어머니가 평생 나에게 싫은 말씀을 한 번도 하신 적이 없듯이 나도 내 며느리에게는 행복하고 듣기 좋은 말만 하려고 노력한다. 서로 사랑하고 감사하면서 살기에도 길지 않은 삶이기 때문이다.

시아버지와의 추억

　시아버지는 육사 출신이셨다가 전북 병사구사령관까지 지내시고 대령으로 예편하셨다. 4.19 후에 치러진 국회의원 선거에서 무소속으로 최연소 참의원에 당선되셨다. 국회의원 하시는 동안 군인들의 부패 척결을 위해 국정감사에서 혁혁한 공을 세우시기도 하셨다. 그러나 군사 5·16쿠데타 후 군인들에게 밉보인 탓인지 정치정화법으로 감옥에 투옥되셨다. 출옥하신 뒤에 계속 정치를 했다가는 아들 여섯 기르기도 힘들겠다고 판단하여 그 후 사업가로 변신하셨다. 첫 번째 사업이 고무신 장사였는데 비록 장사를 하지만 꿈은 노벨이라고 생각하시어 가게 명칭을 '노벨신발' 이라고 하셨단다. 그 후 한국에 건축 붐이 일어나면서 건물공사에 들어가는 플라스틱 파이프 사업을 크게 하셨고, 그 후 아파트 붐이 일어나면서 아파트관리회사를 국내에서는 거의 최초로 시작하셨다. 시아버지는 사회와 경제변화에 따라 필요한 업종을 미리 예측하시고 사업을 추진하시곤 하셨다.

난 결혼 초부터 시아버지를 아버지라고 불렀다. 다른 사람들이 왜 시아버지를 아버님이라고 하지 않고 아버지라고 하느냐고 했지만 시아버지께서는 "난 아버지라고 부르는 게 훨씬 친근감이 있어서 듣기 좋다."고 하셨다. 그러나 다른 다섯 명의 동서들은 모두 아버님이라고 불렀다. 시아버지는 우리 가족들에겐 무척 무섭고 어려운 분이셨다. 그래서 시아버지와 가까이 앉아 대화를 나누기를 꺼렸었다. 그러나 난 친정에서 막내딸로 커서인지 시아버지와 대화 나누기도 서슴없이 하곤 했다. 그래서인지 시아버지께서는 나에게 "넌 며느리가 아니고 내 딸이다." 라고도 하셨다. 아들만 여섯 명을 두면서 딸을 갖기를 원하셨던 시아버지께서 맏며느리가 아버지 아버지 하면서 따르는 모습에서 그렇게 말씀하셨던 것 같다. 내가 두 번째도 또 딸을 낳은 후 아버지께 "아버지 양 또 딸 낳았어요." 하고 전화드렸을 때도 "얘야, 난 아들에 덴 사람이라 딸이 좋다."라고 따뜻하게 말씀해 주셨다.

한번은 남편이 대학 졸업 후 ROTC로 군 복무를 하고 있을 때 모두 외국에 있던 나의 친정으로부터 미국으로 오라는 초청장이 왔다. 친정 식구 중 나 혼자만 한국에 남아 있었고 남자 친구는 군대에 있던 터라 남편과 난 결혼을 빨리하고 나는 미국으로 가는 것으로 결정했다. 이 사실을 시어머니께 말씀드렸더니 시어머니께서는 "난 어떤 결정도 내릴 수 없구나." 하시고 나를 시아버지 사무실로 밀어 넣으셨다. 갑자기 시아버지와 난 단 둘이 앉게 되었고, 난 차분하게 나와 남편의 의견을 말씀드렸다. 시아버지께서는 당연히 말도 안 되는 소리라고 거절하실 줄 알았다. 아들 여섯 중 장남의 결혼을 그렇게 쉽게 허락하시진 않으리라고 생각했던 것이다. 그런데 예상과는 달리 그렇게 엄하신 시아버지께서 "난 너희 둘이 어떤 결정을 내리더라도 너희 결정을 받아들이마." 하셨다. 시아버지가 너무 쉽게 우리 의견을 받아들이셔서 그랬는지 우리 둘은 미국행은 포기하고 군대 제대 후 결혼하는 것으로 결정을 내렸다. 그때 시아버지의 모습은 아들의 의견을 존중하는 따뜻한 아버지의 모습이었다. 그래서 모두 시아버지가 어렵다고들 해도 난 항상 시아버지를 친아버지처럼 가깝게 느꼈다.

시부모님의 금혼식 날 했던 행사가 계속 회자되었다. 1949년 결혼하셔서 1999년 우리들은 부모님의 금혼식 행사를 한 호텔에서 하였다. 여섯 아들은 모두 정장을 하고 여섯 며느리는 모두 시어머니께서 해주신 한복을 입었다. 여섯 부부가 행사장 앞에 서서 초대된 손님들을 맞았다. 행사 사회는 우리 부부가 보았다. 우리는 부모님의 50년 결혼생활을 엿볼 수 있는 슬라이드를 준비하여 하나하나 부부가 번갈아 가며 설명을 하였다. 행사의 마지막에는 어버이 은혜를 가족이 합창하였다. 이때 내 큰딸은 피아노를, 둘째 딸은 바이올린을, 막내딸은 플룻을 연주하였고 나머지 가족들은 합창을 하였다. 이 행사에 참석한 부모님 친구분들은 금혼식 행사를 이렇게도 할 수도 있다는 것을 배웠다고 말씀하셨다.

시아버지는 몇 년간 와상 상태로 계시다가 돌아가셨다. 시어머니의 8명 친구 중 내 시아버지가 제일 오래까지 사셨다. 시어머니께 "아버지가 오래 사시는 것으로 일등하셨으니까 어머니도 친구분 중에서 오래도록 건강하게 사셔서 어머니도 일등합시다!" 하였다. 시어머니께선 도우미 아줌마도 있었지만, 시아버지를 끝까지 돌보셨다. 몇 번은 시어머니께서 너무 힘들다고 하시면서 시아버지를 요양원에 모시자고 하셨다. 요양원에 모시려면 신체검진을 하여야 해서 내가 시아버지를 모시고 병원에 가서 신체검진도 모두 하였었다. 그러나 매번 요양원으로 모시기 하루 전에 시어머니께선 "내가 남편을 요양원에 보내고 편히 살면 얼마를 산다고 요양원에 보내겠냐, 그냥 취소하자."라고 하셔서 끝내 요양원행은 무산되었다. 한번은 시어머니와 요양원을 방문까지 하여 결정하기도 하였었는데 결국은 돌아가실 때까지 집에서 시어머니의 돌봄을 받으며 지내셨다. 시어머니는 시아버지를 끝까지 돌보시는 것에 대해 '젊었을 때 온 가족을 위해 책임지고 노력한 남편에 대한 보답'이라고 말씀하셨다.

만약 시아버지가 치매이거나 의식이 없으셨으면 어쩌면 요양원에 가셨을지도 모른다. 그러나 의식은 또렷하게 있으셨기 때문에 만약 혼자 요양원에 남겨진 사실을 알았을 때 그동안 당당하게 살아오신 자신의 자존감이 얼마나 떨어질까 하는 우려도 결국엔 요양원행을 포기한 이유의 하나이기도 하다.

우리들이 시아버지께 "집 가까이 한강 변 산책길도 있고, 서울숲도 있으니 산책하시며 운동 좀 하세요."하고 권하곤 하였다. 그러면 시아버지께서는 "난 집에서 이렇게 있다가 갈란다." 하고 말씀하시곤 하였다. 시아버지의 평생 삶을 보면 군에 계실 때나 사업을 하실 때나 항상 강인한 리더십을 보이셨다. 그러나 말년에는 절대 운동은 안 하시고 집에만 계셨다. 이런 시아버지의 모습을 보며, 남편은 "아버지는 운동을 하며 삶을 연장하기 위해 노력하기보다는 모든 세포가 조용히 활동을 멈출 때까지 자신이 갖고 있는 에너지를 최소한으로 사용하며 삶을 마감할 때까지 쓰셨다."고 했다.

시아버지의 90세 생신을 가족이 모두 모여 축하했다. 장손인 내 아들의 결혼식도 며칠 후에 있을 예정이었다. 시어머니께서는 시아버지가 언제 돌아가실지 모르는 상황이었기 때문에 매일 시아버지에게, "곧 장손 결혼식이 다가와요, 우리 같이 결혼식에 참석해야죠. 장손 결혼식 보러 갑시다." 하면서 매일 시아버지께 말씀을 하셨단다. 장손이 신혼여행서 돌아온 며칠 후 시아버지께서는 저녁 식사도 잘하시고 저녁 9시경 조용히 눈을 감으셨다. 의식이 사라져 가고 있었던 시아버지께서는 아마도 장손이 결혼식을 치른 후에 돌아가셔야 된다는 의지로 며칠을 더 버티셨던 것 같았다고 남편은 말하곤 한다.

시아버지께서 돌아가셨다는 전화를 받고 구급차가 시댁으로 오도록 전화해 놓고 급히 시댁으로 갔다. 아들 여섯과 며느리가 모두 모여 있었는데 아직도 아버지 체온이 따뜻했기 때문에 누구는 아버지가 아직도 돌아가시지 않았다고 하기도 하고, 누군 돌아가셨다고 도 했다. 내 아들 결혼식에 참석하기 위해 미국에 살던 내 두 딸도 한국에 와 있었다. 미국서 간호사로 일하고 있는 막내딸이 나와 같 이 시댁으로 갔었기 때문에, 막내딸이 시아버지를 몇 군데 체크하 더니 돌아가셨다고 판정을 내렸다. 그제서야 정말 돌아가셨구나 하 고 모두 슬퍼했다.

우리가 시댁에 도착하자 곧 구급차가 도착하였다. 두 남자 직원이 손 빠르게 시아버지를 감싸서 차로 옮겼다. 구급차가 병원을 향해 출발하였는데 구급차 뒷좌석에 타고 있는 사람은 시아버지와 나 단 둘이었다. 구급차에는 가족 한 사람만 차야 한다고 해서 병원 수속 을 위해 내가 탔고 남편과 다른 가족은 차로 병원으로 향했는데 어 쩌다 보니 내가 시아버지의 마지막 길을 배웅하고 있었다. 난 시아 버지의 발을 가만히 잡아 보았다. 아직도 온기가 느껴졌다. 내가 결 혼한 후 항상 나를 딸이라며 좋아해 주셨던 시아버지의 마지막 모습 을 내가 함께할 수 있어서 속으론 다행이다 싶었다. 병원에 도착하 여 의사가 "어디서 사망하셨어요?" 하길래, "집에서요." 했더니 깜 짝 놀란다. 요즘엔 대부분은 요양원이나 병원에서 돌아가시고 집에 서 사망하는 경우는 드물기 때문인 것 같았다.

난 얼마 전부터 앞으로 언젠간 다가올 시아버지의 마지막을 위해 시아버지의 일생을 엿볼 수 있는 슬라이드를 준비하고 있었다. 슬 라이드는 시아버지와 시어머니의 결혼식 사진으로부터 시작된다. 제일 마지막 슬라이드는 온 가족이 찍은 가족사진으로 마감하였다.

중간에는 시아버지의 삶을 돌아볼 수 있는 모습들로 구성했다. 씩씩한 군인의 모습, 청렴한 정치가의 모습, 활발한 사업가의 모습들, 그리고 시어머니와 함께하시던 정구 치는 모습, 시아버지가 하신 골프 홀인원 스코아 카드 사진도 넣었다. 장례식은 아들 여섯과 며느리들의 친구, 선후배들로 장사진을 이루어 모두 호상이라고 조문하였다. 모두 장례식장에서 슬라이드들을 감상하며 결혼식에서는 가끔 슬라이드쇼를 봤는데 장례식에서는 처음 본다고 말씀들 하셨다. 난 조문객들에게 시아버지가 얼마나 의미 있고 행복한 삶을 살다 가셨는지 보여주고 싶었다. 시아버지는 정직하셨고, 사실을 직시하시는 능력이 있으셨으며, 어디서나 강한 리더쉽을 보이셨고, 많은 사람 앞에서 청중을 압도하는 언변도 있으셨다. 너무 무섭고 엄하신 것 같았지만, 사실은 무척 따뜻하고 인간적이셨던 분이었다.

미국 사는
세 아이들 방문기

    아이 넷 중에서 큰딸은 결혼하여 부부가 중학교 체육 교사를 하면서 아들 둘을 두고 우리 집 가까이 살고 있다. 둘째 딸은 결혼 후 부부가 다 대학원 유학을 위해 미국으로 갔다. 손녀딸 하나를 두고 있으며 사위는 워싱턴 주립대학 스포츠마케팅 교수로, 둘째 딸은 줌바 강사로 활발히 활동하고 있다. 셋째 아들은 미국에서 석사학위를 마친 후 한국에서 결혼해서 손녀가 한 살이 되던 즈음, 미국에 가서 10년 정도 살다 오고 싶다고 미국으로 떠났다. 아들은 시애틀에 있는 IT 회사에 근무하고 있고, 며느리는 고등학교 영어 선생이었는데 육아휴직중이다. 현재는 딸과 아들 두 명을 두고 있다. 막내딸은 모처럼 나와 같은 전공인 간호학을 선택하였지만 본인은 미국에 있는 간호대학에 진학하기 위하여 고등학교 졸업 후 바로 미국으로 떠났다. 현재 막내딸은 올랜도헬스시스템 병원에서 간호사로, 막내사위는 요리사로 디즈니월드에서 일하며 손녀딸 한 명을 두고 있다.

아이를 네 명을 낳았어도 한국에는 큰딸만 한국에 남게 되었다. 우리 부부가 퇴직 후 살 집을 구입하여 이사할 계획을 세울 때 가장 크게 고려했던 것은 큰딸과 5킬로 반경 사이에서 집을 구하는 것이었다. 싱가포르에서는 부모가 자녀 가까이 살면 자녀들의 세금을 감면해 준다고 한다. 부모들은 아들보다 딸 집 가까이 살기를 더 희망한다고 한다. 우리가 그 입장이 되고 보니 싱가포르 상황이 십분 이해 되고도 남는다.

올여름에는 한국에 거주하는 큰딸네 부부와 두 손자, 그리고 우리 부부 모두 여섯 명이 미국에 살고 있는 세 아이를 방문했다. 몇 달 전부터 큰딸과 둘째 딸은 여행 일정을 계획하고 숙박 장소와 비행기 등을 예약했다. 예전에 미국 여행할 때는 난 항상 국제운전면허를 발급받아서 갔기 때문에 이번 여행에도 준비해야 할지를 큰딸에게 물었더니, "엄마 아빠까지 운전할 차례까지 되진 않을 거예요." 한다. 이젠 우리 집의 주역이 우리 부부로부터 아이들에게 넘어갔다는 것을 실감했다.

한국에서 여섯 명이 뉴욕으로 먼저 가서 3박 4일 동안 뉴욕 구석구석을 관광하였다. 브로드웨이로부터 센트럴파크까지 걷기도 하였다. 그다음엔 올랜도 막내딸 집으로 향했다. 올랜도부터는 워싱턴주에 살고 있는 둘째 딸과 손녀딸도 합류했다. 모두 11명의 가족이 모였다. 막내 사위가 요리사라 매일 저녁 우리는 어떤 음식이 나올지 궁금해했다. 한 번은 된장국이 끓고 있어서 모두 "이거 누가 끓인 거야?" 하곤 막내 사위가 끓인 줄 알고 호기심을 갖고 물었다. 그랬더니 막내딸이 "내가 끓였어." 하자 모두들 실망해서 바로 흩어졌다. 그랬더니 막내딸이 "나도 맛있게 한다 말이야!" 하고 소리쳤다. 막내 사위가 한 음식들은 모두 너무 맛있었다.

올랜도로부터 라스베이거스까지는 비행기로 이동했다. 막내딸네를 제외한 8명이 같이 갔다. 라스베이거스부터는 워싱턴주로부터 날아온 둘째 사위가 합류하였다. 그때부터 차량을 두 대 빌려서 큰딸네 가족이 한 차를, 둘째 딸네 가족 세 명과 우리 부부가 또 한 차를 타고 미 서부지역의 국립공원들을 여행했다. 먼저 라스베이거스를 거쳐 그랜드캐년으로 이동하였다. 그곳에서 3박4일을 지냈다. 하루는 세도나 국립공원으로 관광을 하였는데 지역이 온통 빨간 바위들로 차 있었다. 이곳은 요가나 기운동을 하는 사람들의 치유 휴양지로 유명한 곳이라고 했다. 박찬호선수도 부상 당했을 때 이곳에서 요양했다고 아이들이 알려줬다. 높고 빨간 산들을 온 가족들이 모두 잘도 올랐다.

그다음에는 브라이스캐년과 자이언 국립공원을 들렀다. 여기부터는 에어 비앤비로 집을 통째로 빌렸다. 빌린 집에 바비큐 장비가 있어서 사위들이 고기를 사다가 바비큐를 하여 여행 중에도 몸보신을 해가며 즐겁게 여행을 하였다. 이박삼일을 머문 후, 엘로스톤 국립공원으로 향했다. 도중에 솔트레익시티에서 일박을 하였다. 솔트레익의 물은 정말로 짰다. 남편은 손으로 찍어 맛보더니 정말 상상 이상으로 짜다고 하였다. 아이들이 수영복을 입고 호숫물에 뛰어들었었는데 짠물이 몸에 닿자마자 너무 따가워서 물 밖으로 튀어나왔다.

옐로스톤 국립공원은 기대에 차서 들어섰다. 이곳은 우리 부부가 유학할 때 여행 와서 텐트 안에서 자는 동안 곰이 아이스박스를 가져가 잃어버렸다 찾은 곳으로 가족의 추억이 서린 곳이었다. 이곳에서도 삼박사일을 머물면서 구석구석을 탐색했다. 아이 중에서는 큰딸이 조금 기억할 뿐이었으나, 우리 부부는 사십여 년 전 이곳에 왔던 모든 기억들이 되살아났다. 가이저(유황분출구)들은 여전히 활발한 곳도 있었지만 퇴화하는 곳도 있었다. 미국의 대표적인 대자연 속에서 세월의 변화에 대한 상념에 젖었다.

옐로스톤으로부터 8시간을 운전해서 워싱턴주 동부 풀만(pullman)에 사는 둘째 딸네로 이동했다. 둘째 사위는 대학교수로 근무하고 있고, 둘째 딸은 대학 스포츠센터와 지역 스포츠센터에서 줌바 강사로 일하고 있다. 지역사회에서 축제가 있을 때면 축제 홍보 포스터에 둘째 딸 사진이 실릴 정도로 열심히 활동하고 있다.

둘째 딸네에서 며칠을 보낸 뒤 시애틀에 사는 아들 집으로 5시간 운전하여 갔다. 시애틀에서부터는 플로리다주 올랜도에 사는 막내딸 가족도 합류했다. 둘째 사위는 학교 개강이 가까워지면서 학과 개강 준비 회의로 합류하지 못했다. 그래서 시애틀에 모인 가족들은 모두 15명이었다. 시애틀에서 우리가 가장 보고 싶었던 곳은 우리가 공부했던 학교 교정과 십 년을 살았던 학교 기숙사였다. 아이들과 대학교 교정을 거닐며 나와 남편이 공부하던 건물들을 돌아봤다. 우리가 살던 기혼자숙사는 이층 타운하우스였는데 아래층에는 거실과 부엌이 있었고, 위층에는 방이 세 개 있었다. 뒤 뜰에는 잔디 언덕이 있어서 아이들이 여름에는 언덕 위에서부터 아래까지 10미터 정도의 비닐패널로 미끄럼틀을 만들어 놓고는 언덕 위에서 물을 뿌리고 미끄럼을 탔다. 겨울에 눈이 왔을 때는 언덕에서 썰매를 탔다. 아이들이 기억하는 언덕은 아주 크고 가파른 곳이었다. 그러나 지금 모두 어른이 되고 결혼도 한 아이들이 이번에 가서 본 언덕은 생각보다 훨씬 작은 둔덕에 불과했다. 세 딸과 아들은 언덕에서 사진을 찍으며 어릴 때 놀던 곳에 대한 추억을 나눴다. 기숙사 건물 자체는 40여 년이 지났는데도 별로 변하지 않은 거의 그대로의 모습이었다. 길 건너에 있던 31 아이스크림 집도 그대로 있었다. 그러나 우리 모두가 크게 놀란 것은 예전엔 가늘고 작았던 앞 뒤뜰의 나무들이 우람한 거목으로 변한 것이었다. 큰딸은 뒤뜰에 있던 그네 위치가 바뀌었다고 기억해 냈다.

마지막 저녁 식사는 시애틀 시내가 마주 보이는 건너편 바닷가에 있는 식당에 가서 하기로 하여 예약을 하였다. 그러나 15명 예약은 받지 못한다며 이른 저녁에 직접 방문하면 상황에 따라 자리를 잡을 수 있을 것이라고 하였다. 우리는 이른 저녁에 방문하여 마침 자리를 잡아 추억이 서린 시애틀에서의 마지막 저녁을 즐겼다. 다음 날 아들네의 배웅을 받으며 막내딸네는 플로리다주 올랜도로, 둘째 딸네는 워싱턴주 동부의 풀만으로, 큰딸네 가족과 우리 부부는 한국으로 떠나왔다. 다음 가족 모두가 함께하는 여행은 앞으로 3년 후 우리 부부의 칠순 때일 것이라고 했다. 아이들 덕분에 40여 년 전 추억을 되새기며 미국 일대를 돌아본 한 달간의 행복한 여행이었다.

남편의 금연정책

    남편은 내가 처음 만났던 대학 1학년 때부터 흡연을 하고 있었다. 그때는 흡연하는 모습도 멋있고 연기 뿜는 모습도 예쁘게 보였다. 그러다가 미국 유학 시절 금연을 하게 되었다. 김대중 대통령도 미국 방문 때 흡연하는 곳을 찾아다니며 흡연하는 게 너무 힘들어서 그 계기로 금연을 하게 되었다고 했다.

    한국으로 돌아온 후, 다섯 명의 동생들이 모두 흡연자였고, 대학 교수들도 흡연자가 많아서 자연 남편도 다시 흡연하게 되었다. 점차 한국에서도 흡연이 금지되는 곳도 생기고 집안에서의 흡연도 어렵게 되었다. 그럼에도 불구하고 남편은 베란다를 이용하여 식후 흡연과 중간 흡연 등 하루에 반 갑 이상 흡연하였다.

그러던 어느 날, 남편이 "이번 담뱃갑을 다 피운 후부터 금연할 거야." 했다. 난 믿기지 않아서 "난 당신 담배 절대 못 끊는다에 백만 원 걸게." 했더니, 남편이 "좀 더 써 봐." 했다. 그 말에 "좋아, 당신이 한 달 금연, 세달 금연, 육 개월 금연, 일 년 금연, 삼 년 금연에 각각 백만 원 걸게."라고 했다. 난 남편이 절대 금연하지 못할 것이라고 믿었기 때문에 거침없이 오백만 원을 걸었다. 단 만약 남편이 다시 흡연을 하게 된다면 그동안 내가 준 돈을 모두 되돌려 받기로 하였다.

그 후, 우리 부부는 막내 사위 부모님과 상견례를 하러 미국을 열흘간 방문하였다. 여행 중 남편의 금연 한 달이 되었다. 남편이 한 달 금연 기간이 지났으니까 백만 원을 달라고 하였다. 내가 큰 소리로 말한 약속이라 할 수 없이 천 불을 주었다. 그랬더니 딸에게 "아빠가 금연해서 번 돈이야." 하면서 딸에게 모두 주었다. 그 후, 세달, 육 개월, 일 년, 삼 년까지 금연이 이어지면서 매번 백만 원씩 난 꼼짝없이 오백만 원을 남편에게 뺏겼다.

그 후, 내가 해외에 얼마간 다녀온 뒤 베란다를 청소하다가 라이터와 담배꽁초를 발견하게 되었다. 그리고 화장실 변기 안에서도 꽁초를 발견하였다. 남편에게 "정직하게 말해요, 담배 폈지?" 하면서 얼굴을 빤히 쳐다보았더니 말을 못 하고 가만히 있었다. 그 길로 난 내가 주었던 오백만 원을 곧바로 되돌려 받았다.
  그 후에는 남편이 집에서는 흡연을 하지 않았다. 담배를 본인이 구입하는 일은 없었다. 그러나 모임에 참석하여 누군가 담배를 권하면 사양하지 않고 흡연을 하였다. 마치 누군가 담배를 권하기를 기대라도 하는 듯했다. 부부가 같이 모이는 한 모임에서도 선배 두 분이 식사 후에는 꼭 남편을 불러내어 셋이 같이 흡연을 하였다. 같이 모인 다른 분들은 모두 금연이었다. 최근 그중 한 선배는 폐암 초기로 수술을 하였고, 또 한 선배는 뇌출혈을 회복 중이시다. 그리하여 그 모임에서의 흡연은 자연 사라지게 되었다. 지금도 누군가 담배를 권하면 남편은 너무나 자연스럽게 받아 필 것이다. 가끔 생각해 본다. 이런 상태의 남편은 흡연자인가 금연자인가.

노후를 위한 사회적 연결 (network)

노후를 어떻게 보내야 할까?

퇴직 후 어쩌면 일했던 시간보다 더 긴 시간을 살아야 할 수도 있다. 어떤 대학 창설자가 95세 생일 때 매우 우울해지셨단다. 왜냐하면 60세에 퇴직하고 35년간을 놀며 지난 세월이 너무 허무하게 느껴졌기 때문이었단다. 그래서 95세 때부터라도 무언가 열심히 해보자고 하여 영어 회화를 열심히 배우시다가 104세 때 돌아가셨다. 우리 부부는 10년을 유학하는 바람에 대학근무는 26년하고 퇴직하였다. 요즘 100세 세대라고 한다 치면 65세 퇴직 후에 일한 기간보다 더 오래 퇴직 후 생활을 하게 된다.

노후에 중요한 일과 중 하나는 친구들을 만나는 일이다. 친구를 만나는 것은 사회적 연결망을 넓혀 주는 방법의 일환이다. 초등학교 친구, 중고등학교 친구, 대학교 친구, 직장 친구, 그 외 사회생활 친구 이렇게 5그룹의 친구 그룹을 한 달 혹은 두 달에 한 번씩은 만나도록 하고 있다. 그러다 보면 매주 한 그룹의 친구는 만나고 있는 셈이다. 친구들을 만나는 것은 노력하고 계획하지 않으면 쉽게 끝이 나게 된다. 그러므로 시간을 내어 연락하고 의식적으로 만나도록 노력해야 한다.

시어머니께서는 매달 한 번씩 8분의 고등학교 친구분들을 오래전부터 만나셨다. 매달 10일에 모임을 한식당에서 가지셨다. 몇 세까지 시어머니 친구분들이 만날 수 있을지 기대해 보곤 했다. 내가 친구들을 만날 때면 자주 시어머니 친구분들의 모임을 소개하곤 했다. 우린 그렇게 오래 만날 수 있을까 하면서. 친구분 모임은 시어머니가 86세 될 때까지 지속되었다. 모임이 있는 날이면 추운 날인데도 치마에 부츠를 신으시고 화장을 곱게 하시고 만나셨다. 그러나 86세가 되던 해부턴 친구 한 두 분이 편찮으시며 빠지게 되자 더 이상 모임이 지속되지 않았다. 그러다가 한 두 분이 세상을 떠나셨다. 시어머니 친구분들은 서로 이렇게 다짐하셨단다, "우린 죽을 때가 가까워져도 요양원엔 들어가지 말고 살던 집에서 죽자."라고. 서로 다짐한 대로 모두 그렇게 돌아가셨다. 지금은 8분 중 3분이 남으셨다. 나는 시어머니께 "아버지는 친구분 중 가장 오래까지 사셨는데 어머니도 아버지처럼 제일 오래 사셔서 친구분 중에서 일등 합시다!"라고 말하곤 한다.

친구들을 만난다는 것은 노력이 필요하다. 미리 연락하여 가능한 날 두 세 개를 알려서 가능한 날을 정해야 한다. 만났을 때 다음번 만날 날을 미리 정하여 약속한다. 약속한 날이 다가오면 다시 연락하여 서로 잊지 않고 있는지 확인해야 한다. 둘이 만났을 땐 한 사람이 식사를 사면 또 다른 친구는 후식을 산다. 상호 호혜적이어야 관계가 유지됨은 물론이다.

벌써 친구 중에는 저세상으로 먼저 간 친구들이 여럿 있다. 친구들을 만나다 보면 관절염으로 전철역 계단을 걸어 올라오기 힘들었다는 친구도 있고 골다공증으로 허리가 협착되어 갑자기 걸을 수가 없게 되었다는 친구도 있다. 의외로 비타민이나 칼슘제 등도 안 먹는 친구들이 많이 있다. 노후에 반드시 해야 하는 것들이 있다면 가능한 한 골다공증과 관절염이 늦게 오도록 종합비타민과 칼슘제 복용은 필수로 하고 지속적인 운동을 매일 조금씩이라도 해야 한다. 난 친구들에게 운동을 안 했으면 그날 저녁을 먹지 말아야 한다고까지 말한다. 부엌에서 식사 준비를 하다가 국이 끓기를 기다리면서 부엌 선반에 손을 대고 푸시업도 하고 티비를 보면서는 항상 어떤 운동이라도 한다. 2킬로그램 아령은 필수로 매일 하고, 티비 앞에 있는 스텝퍼를 하거나 자전거 타기를 한다. 물론 외출을 할 때 가능한 한 걸어 다닌다. 서대문 독립문공원에 있는 집에서 동대문까지도 걷는 반경에 포함된다. 걷다 보면 새로운 가게도 발견하고 맛집도 보게 된다. 몸무게는 다소 통통한 정도를 유지하는 게 좋다. 날씬함을 지향하다보면 노후에는 쉽게 주름도 많이 생기고 기초체력이 떨어진다. 의외로 친구 중에는 우리가 상식적으로 알고 해야 하는 건강 행동들을 하지 않는 경우가 많다. 혼자만 건강하다고 잘 살 수 있는 것은 아니다. 주위 친구들이 건강한 것이 서로의 건강에 중요하게 영향을 미친다. 그러므로 친구들을 주기적으로 만나는 것은 서로 같이 건강한 노후를 보내기 위한 가장 중요한 전략이다.

친구는 아니지만 내가 매일 이메일로 대화하는 대상은 일본에 살고 있는 6년 위 언니이다. 하루에 한 번은 반드시 하루 일과를 나누는 이메일을 하고 어떤 때는 두 번도 한다. 무엇을 먹었는지, 누구를 만났는지, 어디를 가는지 등등 서로 하루 일과를 보고한다. 언니와 매일 이메일을 주고받는 것은 중요한 사회적 연결망이다. 나의 사회적 연결망이 어느 정도 인지를 확인하는 방법으로는, 나를 중심으로 나와 연락하고 관계를 맺고 있는 사람들을 나열하고 서로 연결하는 줄을 그었을 때 얼마나 많은 줄(line)들이 연결되어 있는지를 확인하는 것이다. 나는 지금도 연락하여 만날 사람들이 주위에 누구 또 없나 찾곤 한다. 나의 노후를 풍부하게 만드는 사회적 연결망이 더욱 확장 될 수 있도록.

남편과의 등산

우리 부부가 본격적으로 등산을 시작한 것은 우리가 62세 되던 해부터다. 그해 1월부터 등산을 시작하자고 의논한 후 바로 1월달에 태백산으로 첫 등산을 하였다. 태백으로 행 할 때는 남편이 운전하면서 휴게소에서 국수도 먹고 커피도 마시고 쉬엄쉬엄 태백까지 가서 한옥 펜션에서 일박을 하였다. 아침에 산행을 시작하였는데 온통 눈으로 쌓여 있는 태백산이 무척 아름다웠다. 우리 부부가 처음 하는 산행이라 장비도 부실한데 눈이 많이 쌓여 있어서 조심스럽게 산행을 시작했다.

남편과 나란히 걷다 보니 남편이 너무 걷는 게 느려서 나의 인내심을 테스트라도 하는 것 같았다. 내가 조금씩 앞서 걷다 보니 어느덧 남편과의 거리가 멀어지게 되었다. 구불거리는 길을 돌아가다가 "여보, 여보" 하고 소리를 쳐보았는데 아무런 대답이 없었다. 그래서 남편이 보일 때까지 기다리기로 하고 한참을 기다리다 보니 남편이 나타났다.

"내가 당신 부르는 소리 못 들었어?"
"들었어."
"근데 왜 대답 안 했어?"
"기분 나빠서."

그렇게 눈길을 천천히 걸어서 태백산 정상까지 닿았다. 기념사진을 찍고 서둘러 하산하였다. 이른 저녁 식사를 하고 집으로 향하는 귀갓길에는 항상 운전은 내 차지다. 왜냐하면 저녁 식사하면서 남편은 항상 술을 마시기 때문이다. 나랑 같이 다니는 것을 남편이 좋아하는 가장 큰 이유는 대리기사를 데리고 다니기 때문이다. 둘이 한 첫 산행, 그것도 눈길을 걷는 산행은 비교적 성공적으로 마쳤다.

1월부터 시작한 부부 등산은 매달 1,000미터 넘는 산을 골라 산에 오르기로 하였다. 2월에는 설악산 대청봉으로 정했다. 차를 운전해서 가기 때문에 등반을 시작한 곳으로 다시 하산하는 회귀 산행을 하여야만 했다. 오색약수에 차를 세우고 오르기 시작하였다. 우리 부부는 1월부터 같이 등반을 시작하여 2월이 두 번째라 지도를 보고 선택한 코스인데, 이 코스는 너무 가팔라서 일반적으로 하산 코스이지 상행 코스로는 잘 선택하지 않는다고 한다. 2월의 설악산은 눈과 얼음으로 아이젠을 하고도 천천히 걸어야 했다. 이번에도 시작은 부부가 같이 걷다가 천천히 걷는 남편을 뒤로하고 차츰 앞서다 보면 어느덧 대청봉에 내가 먼저 도착하게 되었다. 30분도 넘게 정상에서 기다리다가 남편이 중도에서 포기했나 하고 하산하려는데 남편이 드디어 나타났다. 멀리서 보기에는 마치 슬로우 비디오로 보는 것처럼 아주 천천히 걸어왔다. 같이 대청봉 정상 사진을 찍고는 부지런히 하산했다.

그다음 날은 설악산 울산바위가 어느 홀에서도 보이는 골프장에서 둘이 골프를 쳤다. 어제 한 등반 탓에 걸을 때마다 허벅지가 당겼지만 그럴수록 걸어서 다리를 풀어야 한다고 되도록 걸어서 공을 쳤다. 운동 후 맛난 식사를 하고 귀갓길은 여지없이 내가 음주한 남편을 모시고 집까지 운전했다.

이렇게 우리 부부는 매달 1,000미터 넘는 산들을 골라 등반하였다. 남편과의 보조를 맞추기 위해서는 내가 절대 앞으로 나가지 말고 인내심 훈련도 할 겸 남편 뒤에서 걸으려고 노력하였다. 남편은 갈수록 걷는 게 나아졌다. 이젠 내가 뒤에서 걸어도 그리 갑갑하지도 않을 정도로 걷는 속도가 빨라졌다.

그러던 어느 날, 남편은 고등학교 산악부 동문들과 아프리카에 있는 5895미터의 킬리만자로 등반을 갔다. 떠나기 전에 몸보신해야 한다고 다양한 보양식을 둘이 먹으러 다니며 첫 해외 원정 산행을 준비하였다. 2주간의 긴 등반 여행이어서 떠나는 날에는 큰딸네 가족과 함께 공항에서 배웅을 하며 성공 등반을 기원했다. 무사히 여행을 마치고 돌아왔고, 돌아올 때도 큰딸네와 같이 공항에서 환영을 하였다. 돌아온 남편은 마치 5년 정도는 더 늙어 버린 것처럼 기가 빠져 보였다. 킬리만자로는 화산재로 덮여 있어서 걸을 때마다 먼지가 날렸고 마지막 정상 가까이에서는 고산병 때문에 몇 미터 앞을 걸어 나가기도 무척 힘들 정도로 어려운 산행이었다고 한다.

남편은 그 후에도 안나푸르나 베이스캠프도 다녀왔고 일본 북알프스도 두 번 다녀왔다. 일본 북알프스 두 번째 등반 때는 우리 둘이 같이 가기도 했다. 지금도 한 달에 두 번 이상은 부부가 같이 높은 산들을 등반한다. 이제는 남편이 나를 리드하며 앞서서 잘 걷는다. 남편이 건강을 유지하는 비결이라면 주기적으로 하는 산행이다. 땀을 많이 흘리는 남편은 산행을 할 때 몸이 다 젖을 정도로 땀을 흘린다. 그렇게 땀을 흘리다 보면 모세혈관 구석구석까지 혈액순환이 되어 혈관이 청소되기 때문에 건강을 유지하는게 아닌가 하는 생각이 든다.

우리 둘이 언제까지 같이 산행을 할 수 있을까 생각해 본다. 남편의 고등학교 동문산악회에서 하는 산행에 참석하다 보면 어느덧 우리 부부가 최고령인 경우도 있다. 같이 등반하는 사람들은 나보고 대단하다고 한다. 그럴 때면 난 "남편과 난 대학 동기라 남편이 갈 수 있으면 나도 갈 수 있어요." 한다. 동기인데도 불구하고 남자들은 높은 산에 가는 게 당연하지만, 여자가 가면 대단하다고 생각하는 게 이상하다. 산행 그룹에서는 1936년생 선배가 최고령자이시다. 한 달에 한 번 하는 부부골프 모임에서는 1932년생 선배가 최고령자이다. 우리 부부의 목표는 최고령자가 될 때까지 골프도 등반도 같이하는 것이다.

생전 처음이자
마지막일 결혼식
주례

'교수님! 제 결혼식 주례를 맡아 주시면 감사하겠습니다.'

방글라데시 출장 중일 때 미국 위스콘신 대학교수인 남학생 제자로부터 온 이메일이었다. 이 제자는 우리 간호대학을 졸업한 후 간호장교로 근무하였는데 군대 복무 중 미국간호사자격증도 취득하였고 유학 준비를 위한 토플과 GRE도 준비하면서 미래를 계획하였다. 제대가 가까워져 올 무렵 나를 방문하여 내 조교가 되고 싶다고 하였다. 그즈음 나는 학장을 마친 후 가장 활발하게 연구활동을 하던 시절이었기 때문에 기꺼이 나의 조교로 허락하였다. 제대 후 바로 석사과정을 시작하면서 여러 연구에도 연구원으로 참여하였다.

미국유학을 준비하는 제자들은 대부분 석사를 한국에서 마친 후, 1년 정도 준비하여 박사과정에 지원한다. 그러나 이 제자는 석사과정 3학기 때 미국 박사과정에 지원하였다. 미국 박사과정에 지원하게 되면 일차 서류심사를 통과한 지원자들을 대상으로 화상으로 인터넷 면접을 실시한다. 이때 미국 교수가 한 질문 중 하나는 '석사과정 하면서 연구원으로 어떻게 그 많은 연구경험을 할 수 있었나'였으며, '참여했던 연구들에 대해 구체적으로 설명해보라'는 질문도 있었다고 한다.

몇 대학에서 박사과정 입학이 허락되었다. 본인은 시카고에 있는 일리노이즈 대학에 가고 싶다고 하였다만, 난 일리노이즈 대학 박사학위를 갖고 있는 교수들이 우리 대학엔 많으니 버지니아대학이 좋겠다고 권했다. 버지니아 대학 박사과정에 입학하면서 3년간 전액 장학금도 지원받았다. 미국에서의 박사학위는 일반적으로는 4년 만에 끝내는 게 통례다. 그러나 이 제자는 3년 만에 박사학위를 마쳤다.

학위를 마칠 즈음 나에게 메일이 왔다. '교수님, 이젠 한국으로 돌아가 결혼도 하고 본교에서 연구교수를 하는 게 어떨까요?' 이 메일에 대한 답신으로 '넌 미국에서 최소 2년간 교육과 연구 경험을 쌓은 후 돌아오렴, 그것이 너의 가치를 높이는 방법이야.'라고 조언하였다. 그랬더니 그때부터 부지런히 대학교수 자리를 찾아보았고, 그 결과 지금도 일하고 있는 위스콘신대학에 교수가 되었다. '교수님, 위스콘신 대학 홈페이지 알려 드립니다.' 하고 메일이 왔길래, 홈페이지를 열어보니 위스콘신 간호대학 홈페이지에 이 제자의 전신사진이 홍보물로 제시되어 있었다.

　한국에서 커플의 양쪽 어머니와 각각 알고 지내던 지인이 미국 포틀랜드에 살고 있는 3살 아래 여자를 연결해주었다. 내 제자가 밀워키에서 포틀랜드로 날아가 만남이 시작되었고 결혼까지 하게 되었다면서 나에게 주례를 부탁한 것이다. 내 남편은 43세 때부터 정치외교학과 제자들의 주례를 시작하여 지금까지 수많은 주례를 해오고 있다. 그러나 간호대학은 여학생이 많기 때문에 나에게 주례를 부탁한 제자는 여짓 한 명도 없었다. 이 제자가 나에게 주례를 부탁한 메일에 '나에게 주례를 부탁한 건 네가 처음이자 마지막일듯하니 내가 하마' 하고 답신 메일을 보냈다.

　그동안 남편이 주례를 할 때 여러 번 나도 참석하여 주례사를 들은 적이 있었다. 우리대학 정치외교학과는 벙어리가 입학해도 4년 후에는 말을 할 수 있게 된다고 하는 말을 들은 적이 있는데, 정말 남편은 주례도 잘하고, 건배 제의는 언제 어디서나 잘하는 특기다. 남편은 주례할 때 항상 두 커플을 결혼 일주일 전에 면담을 하여 부부에 대한 정보를 수집한다. 주례를 할 때는 처음에 두 커플을 간단히 소개한 후에, 두 커플이 언제 어떻게 결혼을 결심하게 되었는지를 소개한다. 그리고는 세 가지 정도 삶의 조언을 전한다.

내가 주례를 맡고 보니 그동안 남편이 한 주례사 중 몇 가지 기억나는 것들이 생각났다. 나는 그중에서 두 가지를 주례사에 포함하였다. 하나는 역지사지의 사고를 하라는 것과 다른 하나는 감사하는 삶을 살도록 하라는 것이다. 나는 남편과 아이들, 그리고 시어머니와의 생활에서 항상 실천하려고 노력 하는 게 역지사지이다. 내가 만약 남편이라면 어떻게 생각했을까, 내가 내 아이 입장이라면 엄마가 이런 말을 했을 때 기분이 어떨까, 내가 만약 시어머니라면 내 며느리가 나에게 어떻게 해주길 원할까. 역지사지는 함께 생활하는 상대방의 입장에서 생각해보는 삶의 여유와 배려이다.

또 다른 하나는 항상 감사하는 삶을 살자는 것이었다. 나이가 들어가다 보니 아침에 눈을 떴을 때 병원이 아닌 편안한 집에서, 그것도 남편과 함께 하루를 시작한다는 것이 얼마나 감사한지 모른다. 하루 생활 중 가장 많이 하는 일은 의식적으로 혹은 무의식적으로 드리는 감사기도이다. 방글라데시에서 간호대학원 초대원장을 할 때 자주 현지인 교수들과 학생들에게 전한 말도 '항상 감사하자.'는 말이었다. '나는 내가 믿는 하나님께, 너희는 너희가 믿는 알라에게 항상 감사하자.'고 했었다. 감사하는 마음에는 긍정의 힘이 솟는다. 힘든 일을 당했을 때도 감사기도를 하다 보면 어려움이 그 정도에 그친 것만으로도 감사하게 된다.

내 제자 부부는 미국에서 교수를 하며 지내게 될 것이다. 그러나 언젠가는 한국으로 돌아와 교수를 할는지도 모른다. 한 가지 확실한 것은 항상 몇 년을 내다보며 계획하는 삶을 살고 있는 제자이기에 너무나 희망찬 부부의 미래가 기대된다.

내 생애 처음이자 마지막일 주례를 나에게 부탁한 내 제자에게 감사한다.

후문

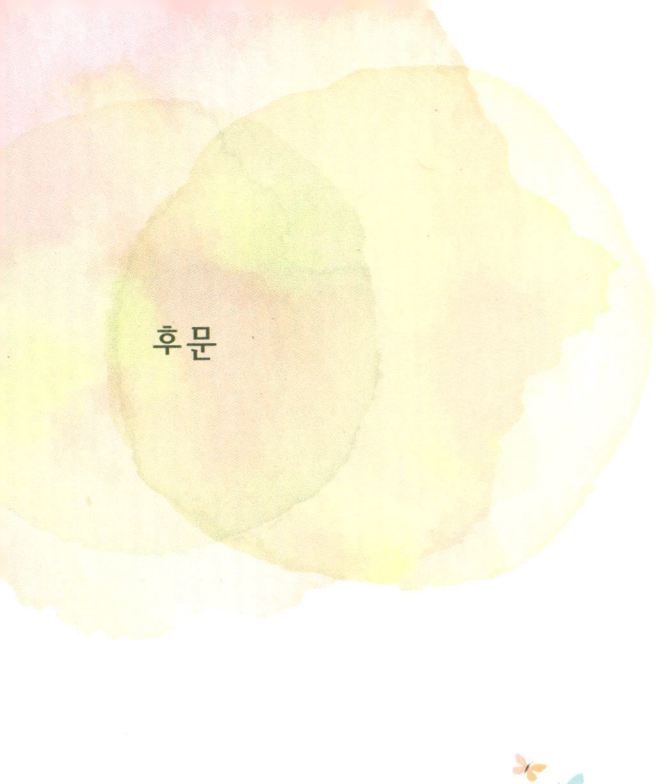

"엄만 우릴 어떻게 이렇게 키웠어?" 하고 아이들이 말하곤 할 때마다, 아이들을 낳아 키우고 대학까지 보내고, 결혼시키고 한 30여 년의 시간들이 휘돌아가면서 '정말 난 어떻게 아이들을 키웠을까?' 자문하게 된다. 어찌 보면 내가 키운 게 아니고, 아이들을 낳기는 했으나 모두 스스로 컸다고 말하는 게 정확할 듯하다. 나에겐 아이 넷이라기보다는 가장 가까운 친구 넷을 두었다고 하는 게 더 맞는 것 같다. 엄마로서 아이들에게 무언가 해주기보다는 함께 살아가는 동반자들이었다. 나의 아이들 넷도 지금은 모두 가정을 꾸리고 그동안 우리가 살아온 것처럼 각자 나름대로 행복하게 살고 있다.

나와 남편은 아이들에게 부모의 행복한 노후란 어떻게 사는 것인가를 마치 보여주는 것처럼 노력하며 살고 있다. 남편은 신문 몇 곳에 주기적으로 기고하는 것과 아직 대학에서 강의도 하고 있고, 수시로 정치학 전공자로서 다양한 기관에 자문을 해주고 있다. 나는 가끔 해외 보건사업에 자문을 해주거나 강의를 하기도 하고, 저개발국가 교수들의 연구 활동을 돕고 있다. 어디를 가서 돕지 않아도 집에서도 얼마든지 도울 수 있는 일들은 많다. 특히 저개발국가 교수들을 대상으로 그들의 연구 활동을 돕는 것은 한국에서도 얼마든지 도와줄 수 있는 활동이라 기꺼이 도우려 한다. 연구 주제를 선정하는 것, 연구계획서를 작성하는 것, 자료수집과 분석, 연구보고서 작성 등. 내가 주는 것은 작은 것일지라도 그들에게는 너무나 절실한 내용들이기 때문이다.

우리 부부는 함께 하는 취미가 비교적 많은 편이다. 한 달에 두 세 번 국내 높은 산들을 등반하고, 한 달에 한번은 부부 골프도 하고 가끔은 당구도 친다. 한 달에 두 번 이상은 시어머니를 방문한다. 물론 나는 거의 매일 시어머니가 텔레비전 드라마를 시청하시는 시간을 피해 전화를 드린다. "어머니 오늘 하루는 어떠셨어요?" 하면 시어머니께서는 "덕분에 오늘도 잘 지냈습니다." 하며 하루 있었던 일들을 나눈다. 매일 아침 난 남편의 하루 일정을 확인하여 오늘 내가 해야 할 식사 준비가 몇 번인가부터 확인한다. 남편이 점심이나 저녁 약속이라도 있는 날이면 난 서대문에 있는 우리 집에서 덕수궁, 명동, 남대문, 인왕산 등으로 두 세시간 정도 걷는다. 큰딸과는 시간 날 때를 체크하여 일주일에 한 번은 꼭 만난다.

언젠간 우리도 시아버지처럼 세상을 떠날 날이 올 것이다. 우리 부부는 어떻게 삶을 마감할 것인가에 대해서도 서슴없이 의견을 나눈다. 그때 내가 시아버지의 삶을 슬라이드로 조명하며 기렸듯이 우리 아이들도 우리를 그렇게 기억할 수 있길 바란다.

교수 시절에 한 흥미로운 연구들

교수의 가장 중요한 역할은 학생들이 이해할 수 있도록 강의를 제공하는 것과 끊임없는 연구 활동이다. 연구를 위해서는 지속적으로 매년 연구계획서를 제출해서 연구비를 확보해야 한다. 그래서 연구하는 것을 좋아하고 잘하지 못하면 교수를 하기가 쉽지 않다. 그동안 거의 매년 여러 연구를 신청하여 연구비를 확보하였고, 연구를 수행하였다. 그중 흥미로운 연구들을 소개하고자 한다.

자가관리를 통해 비만을 관리할 수 있을까?

경기도 한 보건소 지역주민을 위한 비만 관리연구를 수행하였다. 우리나라 대부분의 보건소에서는 지역주민들을 위한 운동프로그램을 보건소에서 제공하고 있다. 나의 관심사는 보건소에 낮시간에 와서 운동프로그램에 참여할 수 없는 지역주민의 비만 관리는 어떻게 해야 하나였다. 그래서 개발한 것이 자가관리로 비만을 줄이는 전략이었다. 즉 보건소에 와서 운동할 수 없는 주민들이 스스로 집이나 직장에서 체중을 감량하는 연구였다.

관심 있는 대상자들을 초대하여 혈액검사와 체중, 혈압, 혈당 등 몇 가지를 조사한 후 다음 두 가지 방법 중 선택하게 하였다.

1. 보건소에 방문하여 운동프로그램 참가
2. 보건소에 오지 않고 스스로 관리

직업을 갖고 있는 사람이나 보건소로 오기가 수월하지 않은 사람들은 자가관리방법을 선택하였다. 전체 참가자들에게 비만 관리에 대한 전반적인 교육을 실시하였고 자가관리군은 자가관리 노트를 주어 본인의 생활을 기록하도록 하였다. 매주에 한 번씩 자가관리그룹에게 전화를 하여 자가관리를 하는 데 문제는 없는지 상담하였다. 연구는 세달간 지속되었는데 매달 보건소를 내원하여 검사를 받았다.

자가관리그룹 중 한 명인 50대 여성은 택시 운전자였다. 그분은 매일 인스턴트 밀크커피를 5잔씩 마셨다. 인스턴트 밀크커피 한잔은 50칼로리다. 매일 250칼로리를 커피로만 섭취하는 것이다. 먼저 바꾼 습관은 달콤한 밀크커피를 블랙인스턴트커피로 바꾸는 것이다. 이렇게 개인이 하고 있는 습관 중 비만에 기여되는 습관들을 스스로 바꾸도록 조언하였다.

3개월 후, 두 그룹의 비만 효과를 비교하였더니 두 그룹 모두 유의하게 감량하였고, 혈압이나 혈당, 혈중지질 수치도 두 그룹에 차이가 없었다. 보건소에 올 수 있는 주민은 소수이다. 그리고 보건소 입장에서는 운동할 시설이 있어야 하고 운동을 가르칠 코치도 예산 배정을 하여야 한다. 보건소에 올 수 없는 더 많은 주민을 위하여 주민 스스로 관리할 수 있는 자가관리법을 확대하여 비만을 관리할 수 있다는 것을 제시한 연구였다.

운동하면 건강해지고, 의료비도 줄일 수 있을까?

보건복지부에서 나온 연구과제 중 '운동 실천이 의료비와 건강상태에 미치는 영향' 연구가 있었다. 흥미로운 연구과제여서 연구계획서를 개발하여 신청한 결과, 연구비 지원을 받았다. 의료비 사용에 대한 자료는 신평원 자료를 분석하였고, 운동 실천은 국민건강자료를 분석하였고, 자료들을 연결하여 운동과 의료비 사용 및 건강상태와의 관계를 분석하였다.

어느 날, 정부 기관이라고 하면서 전화가 왔다. 나에게 정부청사로 와서 내 연구에 대해 설명을 하라는 것이다. 내가 "다른 연구원들도 가나요, 아니면 나만 가나요?" 했더니, 나만 부른 것이란다. 의아해하면서 정부청사 사무실로 갔더니 신사복을 차려입은 공무원 같아 보이는 남자들이 열 명 정도 있었다. 나에게 "교수님이 운동 실천과 의료비, 건강상태 연구를 수행하셨죠? 그 결과가 어떻게 그렇게 나왔는지 설명해 보세요." 했다.

내 연구 결과를 보면 가설과는 반대로 결과가 나왔다. 연구를 시작할 때의 가설은 '운동을 많이 할수록 의료비를 덜 쓸 것이고, 더 건강할 것이다.' 였다. 그런데 연구 결과는 운동을 많이 하는 사람이 의료비를 더 많이 지급했고, 건강상태가 더 나빴다. 그 이유는 내가 분석한 자료가 단면 자료이기 때문에 운동 유무 자료와 의료비지출 자료를 동시에 분석했더니 운동을 많이 한 사람들이 의료비를 많이 지출했고, 건강상태가 더 나쁘게 나온 것이다.

　우리나라 사람들은 건강할 때는 운동을 안 하다가 어떤 질병이라고 진단을 받으면 그때부터 운동하기 시작한다. 그래서 운동을 많이 하는 사람의 건강상태가 운동을 하지 않은 사람보다 더 나쁘게 나온 것이다. 자연 운동을 많이 하는 사람이 의료비도 더 많이 지급한 것이다. 미국 연구들에서는 운동을 많이 할수록 건강하였고, 의료비도 덜 지출하였다. 연령별로 비교해보면, 미국은 젊을수록, 한국은 나이가 많을수록 운동을 더 많이 하였다. 이 결과를 보면, 미국인들은 운동을 건강증진 차원에서 하는 반면에 한국인들은 이미 발생한 건강 문제를 관리하는 차원에서 한다고 할 수 있다.

　그 자리에 조선일보 기자도 와있었나 보다. 다음날 1면에 박스 기사로 나의 연구에 대한 기사가 났다. 내가 '왜 나에게 연구를 설명하라고 부른 건가요?' 하고 물었더니, 그 당시 노무현 대통령이 이 연구를 매우 흥미롭게 본 적이 있어서 연구 결과가 어떻게 나왔냐고 물었다고 한다. 그래서 확인해보니 연구 결과가 거꾸로 나와서 직접 설명을 듣고자 한 것이라고 했다.

　요즘도 공원을 걷는 사람들을 보면 노인들이 젊은이들 보다 더 많다. 그럴 때면 내가 했던 이 연구 결과가 떠 오르곤 한다.

국내 호스피스 정책 제안을 위한 연구

보건복지부에서 국내 호스피스정책을 마련하기 위하여 다음과 같은 연구과제를 냈다.

'국내 호스피스정책 개발을 위한 개발국의 호스피스정책 비교 분석'

국내에서 드디어 호스피스 정책을 개발하고자 이런 연구과제를 냈구나 생각하고 연구계획서를 개발하여 제출하였다. 연구계획서를 관련 기관에 제출하면 일차로 서류심사를 한다. 일차 심사에서 선정이 되면, 이차로 면접 심사를 한다. 이차 심사에서는 일차 심사에서 선정된 연구자들을 초청하여 발표하게 한다. 면접 심사에 오라고 연락이 왔다. 4 연구자가 초청되었다.

이차 면접 연구 평가자는 열 명 정도였다. 내 차례가 되어 나의 연구계획서를 요약하여 발표한 후, 여러 명이 내 연구계획서에 대해 질문을 했다. 그중 한 분이 질문하였다. "교수님의 이력서를 보니 호스피스에 대한 연구를 전혀 안 하셨던데 어떻게 호스피스연구를 지원하게 되었어요?" 그의 질문에 대한 나의 답변은 "선생님이 보신 대로 전 호스피스연구를 한 번도 한 적이 없습니다. 그러나 이번 과제를 수행하는 데 있어서 연구책임자의 역할로 더 중요한 것은 여러 나라의 호스피스 전문가들을 모와 그 나라의 호스피스정책을 분석 비교하는 역할이 더 중요하다고 생각합니다. 전 호스피스 전문가는 아니지만 여러 나라의 전문가들과 같이 그들 나라의 호스피스를 비교하여 국내 호스피스 정책을 제안하는 것은 누구보다 잘 할 수 있다고 생각합니다."

나 이외에 다른 세 연구자는 모두 한다 하는 호스피스전문가들이었다. 그러나 결과적으론 내가 연구책임자로 결정되었다. 이 연구를 위해 미국, 일본, 대만의 연구자들을 선정하였고, 세 나라의 호스피스정책들을 비교 분석하였다. 한국으로 세 나라의 연구자들을 초청하여 호스피스 전문가들을 대상으로 워크숍도 개최하였다. 이 연구에서 제안한 정책들이 오늘날 국내 호스피스정책 개발에 밑거름이 되었기를 희망한다.

도시와 농촌 청소년 건강 비교

세계보건기구에서 개최한 싱가포르 회의에 일주일간 참석한 적이 있다. 이 회의에서는 서태평양 학교 건강증진지침을 개발하였다. 회의참석자들을 보면 대부분은 각국의 교육부나 보건복지부 공무원들이었는데 한국 대표로는 사립대학 교수인 내가 참석하였다. 회의 마지막 날 참석자들이 앞으로의 계획을 발표하였는데, 모두 국가적 차원에서의 학교 건강증진 계획을 발표하였다. 난 일개 사립대학 교수로서 국가적 차원의 계획을 수립하기는 어렵고 지역사회 차원에서 학교 건강증진을 위한 기초 자료들을 우선 수집하겠다고 하였다.

그로부터 한 달 후 세계보건기구 서태평양지부에서 연락이 왔다.
"학교 건강증진 기초자료 수집을 위한 연구비를 확보했나요?"
"아니요, 아직…."
"그럼 서태평양지부에서 연구비를 지원할게요."
그리곤 매년 만 불씩 3년을 지원하였다.

이 연구를 위해 도시 지역과 농촌 지역을 한곳씩 선정하여 학생들의 건강실천행위와 건강상태를 비교하였다. 이런 기초자료는 지역마다 어떤 건강증진 사업을 계획해야 하는지에 대해 정보를 제공한다. 연구결과, 도시 학생들은 농촌에 비해 비만도가 높았고, 시력이 낮았으나, 치아상태는 양호하였다. 농촌 학생들이 훨씬 운동을 많이 하였는데 운동을 많이 하는 학생들의 시력이 운동을 하지 않는 학생들 보다 유의하게 좋았다. 그당시 농촌학생들의 칫솔질 상태를 보면 어떤 학생들은 일주에 한번 하는 학생도 있을 정도로 구강관리 상태가 낮았다. 치아건강이 농촌학생들이 낮은 배경도 낮은 칫솔질과 연관이 있었다.

이 연구 결과를 근거로, 도시 지역에서 학교를 선정하여 시력증진 연구를 진행하였다. 눈운동프로그램을 개발하여 하루에 두 번씩 학교에서 실시하고 귀가후에도 실시하도록 훈련하였다. 프로그램 참여 학생들로는 초등학교 2학년을 선정하였다. 왜냐하면, 그전에 수행한 연구에서 초등학생중 어느 때 시력이 가장 많이 나빠지는지를 분석하였더니 2학년에서 3학년 올라갔을 때 제일 많이 나빠졌기 때문이었다. 이연구결과, 눈운동을 실시한 학생들의 근시율이 유의하게 낮게 나타났다.

연구결과를 도시지역 시의원들 앞에서 발표하였다. 눈운동이 근시율을 낮추는데 효과가 있는 것으로 나타났지만, 한 연구결과를 전국에 확산하기에는 문제가 있을 수 있으므로 반복적인 연구가 필요하다고 하였다. 그랬더니 한 의원이 손을 들고는 '교수님, 전적으로 눈운동의 효과입니다. 자신있게 말씀하십시오' 했다.

세계보건기구 서태평양지부가 내가 회의 마무리때 한마디 한 것을 기억하고 3년간이나 연구비를 지원해주어 흥미로운 연구들을 3년간 수행할 수 있었다.

남녀 대학생의 흡연율

우리나라 남녀의 흡연율을 보면 남자의 흡연율이 몇 배 차이 날 정도로 여자보다 높다. 이 연구를 수행할 즈음인 2000년대 초에는 남자 흡연율이 여자 흡연율보다 열 배는 높았다. 국내 성인의 흡연율 조사는 국민건강조사에서 면접 조사로 이루어진다. 미국의 성인 흡연율은 전화 조사로 이루어지는데 남녀 흡연율이 똑같다. 흡연 여부에 대한 조사는 면대면으로 조사하는 것보다 전화 조사가 더 정확할 가능성이 높긴 하다. 얼굴을 맞대고 '흡연하세요?' 하고 물으면 흡연자인 경우에도 아니라고 말할 확률이 높다. 그러나 전화로 조사할 때는 정직하게 흡연자라고 밝힐 가능성이 높기 때문이다.

국내 여자 흡연율이 그렇게 낮은데도 불구하고 여자 사망원인 중 폐암으로 인한 사망률은 여성 암인 유방암이나 자궁경부암으로 인한 사망률보다 높다.

과연 국내 여자들의 흡연율이 정말 그렇게 남자에 비해 낮을까?

이 연구를 위하여 남녀학생들의 흡연 여부를 두 가지 방법으로 조사하였다. 첫 번째 방법은 설문지를 이용하여 흡연 여부를 질문하는 방법이다. 두 번째 방법은 흡연 여부를 소변으로 조사하는 방법이다. 남녀 대학생들이 건강검진 할 때 소변검사를 위해 제출하는 소변을 이용하여 흡연 후 니코틴의 대사 산물인 코티닌이 소변에 배출되는지를 검사지를 이용하여 확인하였다.

연구 결과를 보면, 남학생들은 설문지나 소변검사 결과가 거의 동일한 흡연율을 보였다. 그러나 여학생들은 설문지의 흡연율보다 소변검사로 나온 흡연율이 매우 유의하게 높게 나타났다. 이 결과는 국내에서 면접 조사로 하고 있는 여성 흡연율보다 실제 여성 흡연율은 훨씬 높을 것이라는 사실을 제시해 주고 있다. 내가 이 연구 결과를 학술대회에서 발표하였더니 한 산부인과 의사도 임신부를 대상으로 흡연 여부를 설문지와 소변검사로 했는데 설문 조사 보다 소변검사로 나온 흡연율이 훨씬 높게 나왔다며 내 연구와 동일한 결과라며 설명을 덧붙였다.

훌브라이트 연구팀에 선정

훌브라이트 연구장학재단은 훌브라이트 미국 상원의원이 이차 세계대전이 끝난 후 남은 전쟁 비용을 연구자들을 지원하는 장학금으로 사용하자고 제안하여 생긴 연구장학재단이다. 훌브라이트 상원의원은 이 제안을 다른 의원들이 오래 생각할 시간이 없이 쉽게 찬성하도록 회의가 거의 끝나갈 즈음인 금요일 늦은 오후에 제안하여 통과되었다고 한다.

2001년 어느 날, 대학으로 훌브라이트 재단에서 'New Century Scholar's Program'으로 세계 각국의 연구자들을 선발한다는 공문이 왔다. 그동안 훌브라이트 재단은 수많은 연구비를 개인 연구자들을 위해 지원해 왔으나 2001년부터는 그룹의 연구자들에게 연구비를 지원하는 새 정책을 마련했다. 첫 번째 시도로는 30명의 연구자를 선발하는데 12명은 미국인 연구자들로, 18명은 미국 외 연구자들로 구성하였다.

훌브라이트가 새롭게 시도하는 연구정책이라 흥미롭게 생각하여 나도 연구계획서를 제출하였다. 나의 연구 제목은 '한미 두 나라의 금연정책 비교 분석 :지역사회 차원에서부터 연방정부 차원까지' 였다. 미국 외 여러 나라에서 18명을 선발하는 것이고 한국에서도 여러 연구자가 지원할 것이므로 별로 큰 기대는 하지 않고 제출하였다.

그러나, 내가 한국에서 유일하게 선발이 되었다. 관계자에게 어떻게 내가 한국에서 유일하게 선발되었는지를 물어봤더니 '나 외에 네 명이 더 신청을 했는데 다른 연구자들은 너무 작은 연구 문제들을 제시했다'라고 설명하였다. 30명의 연구자들에 대한 오리엔테이션은 일주일간 이탈리아에 있는 코모호수 리조트에서 열렸다. 이 연구는 4만 불의 연구비를 각 개인에게 제공했는데, 미국 외 지역의 연구자들에게 주어진 단 한가지 조건은 최소한 3개월은 미국에 와서 연구를 진행하여야 한다는 것이다. 연구 기간은 1년이었는데, 6개월이 지난 시점에서 중간 모니터링을 위해 헝가리 부다페스트에서 일 주간 워크숍을 하였다.

나는 박사학위를 한 워싱턴대학에서 3개월간 연구를 진행하였다. 박사지도 교수님께 워싱턴대학에 3개월간 머물 것이며 도착하자마자 교수님을 찾아뵙겠다고 연락을 드렸더니, '지난 10년간 어떤 연구를 하며 어떻게 살았는지 상세히 보고할 준비를 하고 오라'며 반기셨다. 30명의 연구 결과를 나누는 마지막 워크숍은 버지니아에 있는 리조트에서 두 주간 이루어졌으며, 30명의 연구 결과에 대한 요약 발표는 워싱턴디시에서 있었다. 모든 발표가 끝난 뒤, 존스 홉킨스 대학 간호대학 교수가 몇 명의 박사생들을 데리고 나를 찾아왔다. 30명 연구자 중에 간호학 교수는 내가 유일하여 축하하러 왔다고 했다. 다른 연구자들의 전공은 법학, 언어학, 정치학, 보건학, 의학 등 매우 다양하였다. 지금 생각해 봐도 홀브라이트 연구팀에 포함되었던 경험은 나에게 온 최고의 행운이었다고 해도 과언이 아니다.

Profile

2019. 1.

인적사항

성명   이 정 열 / 李 貞 烈 / Chung Yul Lee
직위   명예교수, 연세대학교 간호대학
E-mail   cylee@yuhs.ac

학력경력

1964-1970	이화여자 중, 고등학교
1970-1974	연세대학교 간호대학 학사
1974-1976	연세대학교 대학원 이학석사
	논문제목 : 일 종합병원의 지역사회간호사업에 대한 소비자와 의뢰자의 태도 조사 연구
1983-1985	석사과정수료 (보건통계학)
	Department of Biostatistics
	School of Public Health and Community Medicine
	University of Washington, Seattle, WA, U.S.A.
1987-1989	간호학 석사 (산업보건간호학)
	School of Nursing, University of Washington, Seattle, WA, U.S.A.
	논문제목 : Differentiation between participants and nonparticipants in the hemoccult test among federal employees
1985-1989	역학박사 (PhD, Epidemiology)
	Department of Epidemiology
	School of Public Health and Community Medicine
	University of Washington, Seattle, WA, U.S.A.
	논문제목 : A randomized trial to motivate work site fecal occult blood testing

수상경력

1975	우수연구상, 한국보건장학회
1989	Research Award, National Center for Nursing Research, NIH, U.S.A.
1999. 5	우수업적교수상 (연세대학교)
2000. 10	제 1회 우수논문상 (대한간호학회)
2001-2002	New Century Scholar Award (Fulbright, U.S.A.) 전 세계에서 30인의 우수연구자들을 선정. 한국인 중에서 유일하게 선정됨.
2008. 5	보건복지부 장관상
2009. 12	교육과학기술부 장관상
2015. 1	우수봉사상, 연세대학교
2018. 5	감사패, 방글라데시 총리 (Bangladesh, Prime Minister)
2018. 12	감사상, 한국국제협력단 (KOICA)

경력

1974-1980	연세대학교 간호대학 조교
1981-1984	간호사 (RN), Fircrest School, Seattle, WA, U.S.A.
1984-1989	박사과정 연구원, Fred Huchinson Cancer Research Center University of Washington, Seattle, WA.
1986-1989	Research Consultant, Division of Federal Employees Occupational Health, Region X, Seattle, WA
1986-1987	Researcher, Harborview Injury Research Institution University of Washington, Seattle, WA
1990-2016	교수, 연세대학교 간호대학
1991-1993	회계, 대한간호학회
1993-1998	이사, 대한의료정보학회
1993-2010	이사, 대한산업보건협회
1993-1995	학술이사, 대한간호학회
1996-2003	위원, 부천시 건강생활실천협의회
1996-2005	위원, 서대문구 건강생활실천협의회

1997-1999	심의위원, 송파구 지역보건의료사업	
1997-1999	위원, 경기도 지역보건의료심의위원회	
1998-1999	소장, 연세대학교 간호대학 안전간호연구소	
1999-2002	이사, 한국보건간호학회	
1999-2002	주임교수, 연세대학교 보건대학원 지역사회간호학 전공	
1999-2001	사업조정관, 보건복지부 건강증진거점보건소 기술지원평가단	
1998-2004	위원, 보건복지부 암정복추진위원회	
1999-2004	자문위원, 국민건강보험관리공단 건강증진사업	
2001-2006	회장, 서울시 건강생활실천협의회	
2002-2004	회장, 한국보건간호학회	
2003-2010	국제이사, 대한보건협회	
2003-2016	이사, 국제한인간호재단	
2004-2006	학장, 연세대학교 간호대학	
	원장, 연세대학교 간호대학원	
2005-2012	상임이사, East Asian Forum of Nursing Scholars	
2006-2012	위원, 한국교원단체총연합회 보건교육위원회	
2006-2012	심의위원, 서대문구보건소 지역보건의료심의위원회	
2006-현재	논문심사위원, Japan Journal of Nursing Science	
2006-2012	논문심사위원, Asian Journal of Nursing	
2006-2008	위원, 연세의료원 의료원기획팀 자문위원회	
2007-2009	위원, 보건복지부 질병관리본부 제7기 예방접종심의위원회	
2008-2010	이사, 대한금연학회	
2006-현재	이사, 연세대학교 간호대학 동문회 선우장학회	
2011-2015	전문위원, 보건복지부 예방접종 전문위원회	
2012-2016	논문심사위원, International Nursing Review	
2013-2015	Research Manager, 방글라데시 간호대학원 설립 프로젝트	
2016-현재	명예교수, 연세대학교, 간호대학	
2016-2018	초대 원장, National Institute of Advanced Nursing Education and Research Dhaka, Bangladesh	

저서

김모임, 이정열, 외 6인 (1994). 지역사회간호실무관리. 수문사

이정열 외 (1996), 역학과 건강증진, 수문사

정영숙, 이정열 (2002), 학교보건. 현문사

김정남, 이정열 외 4인 (2004), 보건교과교재 연구 및 지도법, 현문사

이정열 (2005). 공중보건학, 은하출판사

이정열 (2005), 지역사회간호학, 은하출판사

이정열 역 (2005), BMA 세브란스 Family Doctor Series −가족간병, 아카데미아

이정열 외 7인 (2010), 지역사회간호학의 이론과 실제, 현문사

이정열, 김희순 (2010), 초등5 보건교육, 교학사

이정열, 김희순 (2010), 초등6 보건교육, 교학사

이정열 (2013), 간호통계학, 수문사

이정열 (2014), 상급간호통계학, 수문사

이정열 (2015), Nursing Statistics (영문판), 연세대학교 간호대학 간호정책연구소

*Nursing Statistics (간호통계학)은 현재 아프리카 에티오피아와 르완다에서 간호학부와 대학원에서, 그리고 방글라데시에서는 석사과정에서 교과서로 사용되고 있다.

Curriculum Vitae

2019 Jan

Name:	Chung Yul Lee, R. N., M. A., M. N., Ph. D.
Place of Born:	Korea
E-Mail Address:	cylee@yuhs.ac
Certificate	Korean Registered Nurse: 17487 (1974. 3)
	U.S.A. Registered Nurse: 255-8- 0074863 (1981. 8)

Education

1985 - 1989	Doctor of Philosophy (Epidemiology)
	School of Public Health and Community Medicine
	University of Washington, Seattle, Washington, U.S.A.
	Dissertation Topic: A randomized trial to motivate work site fecal occult blood testing
1987 - 1989	Master of Nursing (Occupational Health Nursing)
	Department of Community Health Care System
	School of Nursing, University of Washington, Seattle, WA, U.S.A
	Thesis Topic: Differentiation between participants and nonparticipants in the hemoccult test among federal employees.
1983 - 1985	Master's Program (Biostatistics)
	Department of Biostatistics, School of Public Health and Community Medicine, University of Washington, Seattle, WA, U.S.A.
1974 - 1976	Master of Science (Community Health Nursing)
	College of Nursing, Yonsei University, Korea
	Thesis Topic: Attitude of consumer and referrer on home nursing service of the Christian Hospital
1970 - 1974	Bachelor of Science in Nursing
	College of Nursing, Yonsei University, Korea

Professional Experience

1974 - 1980	Lecturer and Clinical Instructor
	College of Nursing, Yonsei University
Sep. 1981 - Jun. 1984	RN. Staff nurse, Fircrest School, Seattle, WA, U.S.A.
Nov. 1984 - Jan. 1990	Predoctoral Research Associate I & II
	Fred Hutchinson Cancer Research Center, Seattle WA, U.S.A.
Sep. 1986 – June 1987	Research Assistant
	Harborview Injury Research Institution, University of Washington
Sep. 1986 – Dec. 1989	Research Consultant
	Division of Federal Employees Occupational Health, Region X, Seattle, USA
Sep. 1990 – Aug. 2016	Professor, College of Nursing, Yonsei University
Jan. 1991 – Dec. 1993	Treasurer
	Korean Society of Nursing Science
Jan. 1993 – Dec. 1998	Board Member
	Korean Society of Medical Informatics
Jan. 1993 – Dec. 2010	Board Member
	Korean Occupational Health Association
Jan. 1993 – Dec. 1995	Academic Board Member
	Korean Society of Nursing Science
Sept. 1996 - Aug. 1998	Associate Dean for Student Affairs, College of Nursing
July 1996 – June 2003	Committee Member
	Health Center, Bu Chun City, Korea
July 1996 – June 2005	Committee Member
	Health Center, Su Dae Mun Gu. Seoul, Korea
Jan. 1997 – Dec. 1999	Council Member
	Health Center, Song Pa Gu, Seoul, Korea
Jan. 1997 – Dec. 1999	Council Member
	Gyeonggi-Do Province, Korea
Sep. 1998 – June 1999	Director
	Injury Prevention Research Center, College of Nursing, Yonsei University

Sep. 1999 - Sep. 2001	National Project Coordinator
	Health Promotion Evaluation Project for Demonstration Health Center, Ministry of Health & Welfare
Aug. 1998 - Jul.2004	Council Member of the National Cancer Committee,
	Ministry of Health & Welfare
Jan. 1999 – Dec. 2004	Consulting Committee Member
	National Health Insurance Service
Jan. 2001 – 2006	Director
	Health Promotion Service Association, Seoul City
Aug. 2002 - June.2003	Associate Dean for Graduate Program, College of Nursing
Oct.2002 - Nov. 2004	President
	Korean Public Health Nursing Academic Society
Jan. 2003 – Dec. 2010	International Board Member
	Korean Public Health Association
Aug. 2004 - July, 2006	Dean
	College of Nursing, Yonsei University
Jan. 2005 – Dec. 2007	Executive Member
	EAFONS (East Asian Forum of Nursing Scholars)
July 2006 – June 2012	Evaluation Committee Member
	Health Center, Su Dae Mun Gu, Seoul
Mar. 2006 - Present	Editorial Member
	Japan Journal of Nursing Science
Mar. 2006 – Aug. 2016	Editorial Member
	Asian Journal of Nursing
Jan. 2006 – Present	Board Member
	Yonsei Nursing Alumni Scholarship Association
Jul. 2007 - Dec. 2011	Council member for research project evaluation,
	Korea Centers for Disease and Prevention
Jan. 2008 – Dec. 2010	Board Member
	Korean Smoking Prevention Society
Jan. 2011 – Dec. 2014	Project Principal Investigator
	Capacity building for Africa nurses : Tanzania, Rewanda, Ethiopia

Jan. 2011 – Dec. 2015	Professional Committee Member for Immunization
	Ministry of Health and Welfare
Jan. 2012 – Dec. 2016	Editorial Member
	International Nursing Review
Jan. 2013 – June 2016	Research Project Manager
	Developing Master Program in Bangladesh
Sep. 2016 – present	Emeritus Professor, Yonsei University
July 2016 - June 2018	1st Director
	National Institute of Advanced Nursing Education and Research
	Dhaka, Bangladesh

Honors

2018. 12	Appreciation Award
	Korean International Cooperation Agency
2018. 5	Appreciation Award
	Bangladesh Prime Minister
2015. 1	Outstanding Faculty Award in Service
	Yonsei University
2009. 12	Minister Award
	Ministry of Education and Science Technology
2008. 5	Minister Award
	Ministry of Health and Welfare
2001-2002	New Century Scholar Award
	Fulbright Scholarship
	Only Korean and a nurse among 30 selected scholars in the world
2000. 10	The 1st Best Research Award
	Korean Society of Nursing Science
1999. 5	Honor Research Professor Award
	Yonsei University
1989	National Research Service Award
	National Center for Nursing Research, NIH, USA
1975	Research Award
	Korean Health Scholarship

Book Publication

Mo Im Kim, Chung Yul Lee, etc.(1994). Community Health Nursing Practice Guideline. SooMunSa, Seoul

Chung Yul Lee (1996). Epidemiology and Health Promotion. SooMunSa, Seoul

Young Sook Jung, Chung Yul Lee (2002). School Health. SooMunSa, Seoul.

Jung Nam Kim, Chung Yul Lee, etc (2004). Health Education. HunMoomSa, Seoul.

Chung Yul Lee (2005). Public Health. EunHa Pub. Seoul.

Chung Yul Lee (2005). Community Health Nursing. EunHa Pub. Seoul.

Chung Yul Lee (2005). Home Nursing Service. Academia, Seoul.

Chung Yul Lee, etc. (2010). Theory and Practice of Community Health Nursing. HunMoonSa, Seoul.

Chung Yul Lee, Hee Soon Kim (2010). Health Education : 5th Grade. KyoHakSa, Seoul.

Chung Yul Lee, Hee Soon Kim (2010). Health Education : 6th Grade. KyoHakSa, Seoul.

Chung Yul Lee, etc. (2013). Epidemiology and Health Promotion. Revision, SooMunSa, Seoul.

Chung Yul Lee (2013). Nursing Statistics. Korean version, SooMunSa, Seoul.

Chung Yul Lee (2015)*. Nursing Statistics. English version, Nursing Policy Research Institute, College of Nursing, Yonsei University, Seoul.

*This English version Nursing Statistics book is used currently in Ethiopia, Rewanda, and Bangladesh.

Article Publication

Chung Yul Lee (1990). The effectiveness of cancer risk appraisal. Korean Nursing, 20(3), 300-306.

Chung Yul Lee (1991). A randomized controlled trial to motivate worksite fecal occult blood testing. Yonsei Medical Journal, 32(2), 131-138.

Chung Yul Lee (1992). Environment and Health. Korean Nursing, 31(1), 12-17.

Chung Yul Lee (1992). Comparison of Occupational Health Nursing Education – Korea, USA, England, New Zealand. Korean Nursing, 31(3), 40-442.

Mo Im Kim, Chung Yul Lee, etc (1993). Establishing a data bank of human resources for primary health care in Korea. WHO Report.

Chung Yul Lee (1993). Utilizing multiple regression for nursing research. Nursing Enquiry, 2(2), 167-180.

Mary Salazar, Chung Yul Lee (1994). Breast cancer behaviors following participation in cancer risk appraisal. J. Health Behavior, Education and Promotion, 18(3), 41-49.

Chung Yul Lee, etc. (1994). Development of computerized program for community health nursing service. Korean Nursing, 33(4), 28-32.

Eui Sook Kim, Chung Yul Lee, etc. (1994). Health manpower supply and demand projection in the Republic of Koreaby 2010. WHO Human Resource Development in Nursing: A Collection of Essays, 37-41.

Chung Yul Lee (1995). Development of school health information system. '94 Report of the Ministry of Information and Communication

Eui Young Cho, Chung Yul Lee, etc. (1995). A study on hearing change of employees. J Aerospace Medical Association,5(2), 117-129.

Chung Yul Lee, etc. (1995). Analysis of injury incidence and injury prevention in Korea. Korean Nursing, 25(2), 362-371.

Chung Yul Lee, Sook Myung Bang (1996). Factors related using computer in community health post. J Korean Academy of Nursing Society, 27(1).

Chung Yul Lee (1996). Comparison of health status among urban and rural elderly. Abstract of International Epidemiology Conference.

Chung Yul Lee (1996). Utilizing epidemiological approach in nursing research. Nursing Profession : Development and Prospect, Korean Nursing Association, 328-340.

Chung Yul Lee, etc. (1996). Final report on health promoting school project in Korea: Phase I. WHO report.

Chung Yul Lee, etc. (1996). Comparison of health status of urban and rural school children. J Maternal and Child Health, 1(1), 97-105.

Chung Yul Lee (1996). Current status of school health in Korea. Royal College of Nursing Conference, Australia.

Eui Sook Kim, Chung Yul Lee, etc. (1997). Application of community health nursing process in a urban community. J Korean Public Health Nursing, 11(2), 121-130.

Chung Yul Lee, etc. (1997). Analysis of health behabiors among school children. J Public Health Nursing, 11(2), 73-82.

Hyun Kyung Lee, Chung Yul Lee, etc. (1997). Related factors of physical activities among flight personnel. J Aerospace Medical Association, 7(2).

Chung Yul Lee, Bang Sook Myung (1997). Analysis on related factors regarding informatics system in community health post. . J Korean Academy of Nursing Society, 27(1), 7-12.

Chung Yul Lee, etc. (1998). Development and evaluation of the school health promotion program in Korea. WHO Research Report.

Il Young Yoo, Chung Yul Lee (1998). Effectiveness of obese control program for elementary students. J Korean School Health, 11(1), 91-97.

Il Young Yoo, Chung Yul Lee (1998). Health Status of Urban and rural elders in Korea. Yonsei Medical Journal, 39(5), 417-423.

Chung Yul Lee, etc. (1999). Effectiveness of the eyesight control program on eye sight of elementary students. J Health Education and Health Promotion, 16(1), 137-148.

Chung Yul Lee, etc. (1999). Validity testing of breast cancer risk appraisal. Final Report, Ministry of Health and Wefare.

Chung Yul Lee, etc. (1999). Health care delivery system for maternal and child health. Report to Nursing Research Institute.

Chung Yul Lee, etc. (2000). Knowledge, practice, and risk of breast cancer among Korean rural women. Nursing and Health Science, 2, 225-230.

Chung Yul Lee, etc. (2001). Effectiveness of breast cancer prevention program in community. Final report to Ministry of health and Welfare.

Cho Ja Kim, Chung Yul Lee, etc. (2001). Final report for national health promotion project. Ministry of Health and Welfare.

Chung Yul Lee, etc. (2001). Case management system development for delivering community based health service. Research Report to WHO.

Chung Yul Lee, Tae Yum Yoo (2003). Analysis of activities of community health nurse practitioner using informatics system. J Korean Public Health Nursing, 17(1), 26-34.

Hee Soon Kim, Chung Yul Lee, etc. (2003). Development of health promotion program for preschoolers in health center connected to day care centers. Research report to Ministry of Health and Welfare.

Chung Yul Lee, etc. (2003). A comparative study of the health care delivery system of Korea and Thailand. Nursing Outlook, 51, 115-119.

Chung Yul Lee, etc. (2003). Factors influencing breast self-examination for rural women in Korea. J Community Nursing, 17(7), 16-22.Chung Yul Lee, etc. (2003). Structure evaluation of health center in Korea. J Korean Public Health Nursing, 17(2), 185-191.

Chung Yul Lee, etc. (2003). Development of Korean school health promotion guideline : Based on WHO health promotion guideline. J Community Health Nursing, 14(3), 457-467.

Chung Yul Lee, etc. (2003). Evaluation of a community-based program for breast self-examination offered by the community health nurse practitioners in Korea. J Korean Academy of Nursing Science, 33(8), 1119-1126.

Chung Yul Lee, etc. (2003). Evaluation of problem-based learning for community health nursing subject. J Community Health Nursing, 14(4), 579-586.

Hee Soon Kim, Chung Yul Lee, etc. (2004). Effects of a National Health Promotion Project on knowledge, perception, and competency of health care workers in Korea. J Community Health

Nursing, 21(1), 2937.

Hee Soon Kim, Chung Yul Lee (2004). Health status and health behaviors of preschoolers. J Korean Academy of Nursing Science, 34(1), 182-190.

Cho Ja Kim, Chung Yul Lee, etc. (2004). Analysis of work performance of health workers in health center. J Korean Public Health Nursing, 18(1), 178-186.

Chung Yul Lee, etc. (2004). Related factors on adolescent smoking in Seoul Area. J Community Health Nursing, 15(1), 95-101.

Chung Yul Lee, etc. (2004). Effectiveness of smoking control program for adolescent. J Public Health Nursing, 18(1), 74-79.

Chung Yul Lee, etc. (2004). Development and validation study of the Breast Cancer Risk Appraisal for Korean women. Nursing and Health Science 6, 189-195.

Hee soon Kim, Chung Yul Lee, etc. (2004). Comparison of child health status between day care center and low income care center. J Korean Health Management Association, 2(1), 93-104.

Hong Yoon Mi, Chung Yul Lee (2004). Prediction of adolescent health behavior using Health Belief Model. J Public Health Nursing, 18(2), 218-224.

Chung Yul Lee (2004). Effectiveness of physical activity on health expense using national data.. Research Report to Ministry of Health and Welfare.

Chung Yul Lee, etc. (2004). A comparison of smoking control strategies in Korea and United States. J Korean Academy of Nursing Science, 34(8), 1379-1387.

Chung Yul Lee (2005). Smoking behavior survey for adolescent living in Kang Nam District in Seoul. Research Report to Kang Nam Health Center.

.Tae Hwa Lee, Chung Yul Lee, etc. (2005). Participation and Satisfaction on health promotion program of community people. J Korean Academy of Nursing Science, 35(3), 461-468.

Gwang Suk Kim, Chung Yul Lee, etc. (2005). Relation ship of work stress and family stress to the self-related health of women employeed in the industrial sector in Korea. Public Health Nursing, 22(5), 389-397.

Il sun Ko, Chung Yul Lee, etc. (2005). Analysis of health problems of low income elderly. J Academy of Elderly Nursing, 7(2), 136-147.

Chung Yul Lee, etc. (2007). Comparison of healthy life style between regions in Korea. J Health Education and Promotion, 24(4), 87-88.

Chung Yul, etc. (2008). Analysis of related factors on eating behaviors in urban community. J Public Health Nursing, 22(1), 5-17.

Gwang Sook Kim, Chung Yul Lee, etc. (2008). Integration of Community Health Nursing Practicum in a BS program in Korea. J Academy of Nursing Management,14(1), 51-62.

Gi Kyung Kim, Chung Yul Lee, etc. (2008). Process of Hospice Law Development in Korea.J

Academy of Nursing Management.

Gwang Sook Kim, Chung Yul Lee, etc. (2008). Analysis of health care management for hospital employees. J Occupational Health Nursing, 17(2), 166-179.

Chung Yul Lee, etc. (2009). Validation of self-report on smoking among university students in Korea. Am J Health Behav, 33(5), 540-549.

Chung Yul Lee, White B. (2009). Comparison of the clinical practice satisfaction of nursing students in Korea and the USA. Nursing and Health Science, 11(1), 10-16.

Hee Soon Kim, Chung Yul Lee, etc. (2009). Health problems and health behaviors of Korean preschoolers living with parents and under guardianship. Public Health Nursing, 26(3), 207-217.

Chung Yul Lee, etc. (2009). Development of a community health promotion center based on the WHO's Ottawa Charter health promotion strategies. Japan J of Nursing Science, 6, 83-90.

Gwang Sook Kim, Chung Yul Lee, etc. (2009). Healthy life style and obesity among middle aged women. J Public Health Nursing, 23(2), 273-284.

Chung Yul Lee, etc. (2009). Factors influencing stress coping behaviors of elementary students in Korea. Korean J of Health Education and Promotion, 26(5), 1-13.

Chung Yul Lee, etc. (2010). Comparison of the hospice system in the United States, Japan, and Taiwan. Asian Nursing Research, 4(4), 163-173.

Chung Yul Lee, etc. (2010). Current status of health education subject in elementary, middle, and high school in Korea. J Korean school Health, 23(2), 172-180.

Chung Yul Lee, etc. (2011). Korean nursing education initiated by nurse missionaries. J Korean Nursing Education, 17(1), 44-51.

Chung Yul Lee, etc. (2011). Self-management program for obesity control among middle-aged women in Korea : A pilot study. Japan Journal of Nursing Science, 8(1), 66-75.

Choo Soo Kyung, Chung Yul Lee (2012). Effectiveness of aerobic exercise on fall prevention, stress management among elderly in Korea. J of Korean Academy of Community Health Nursing, 23(1), 24-30.

No Mi Young, Chung Yul Lee, etc. (2012). Related factors on physical activity in the ship among navy officers : Ecological approach. J of Korean Acedemy of Community Health Nursing, 23(3), 296-306.

Bong Jung Kim, Chung Yul Lee, etc. (2012). Ecological risk factors of childhood obesity in Korean elementary school students. Western J of Nursing Research, 34(7), 952-972.

Chung Yul Lee, etc. (2012). Evaluation of self-care program for rural patients with osteoarthritis. J of Korean Academy of Nursing Science, 42(7), 965-973.

Jung Ae Kim, Chung Yul Lee, etc. (2013). Smoking cessation and characteristics of success and failure among female high school smokers. Japan J of Nursing Science, 10(1), 68-78.

Chung Yul Lee, etc. (2013). Comparison of preventive health behaviors in adults aged 50-64 in Korea and the United States. J of Korean Academy of Community Health Nursing, 24(2), 161-171.

Duck Hee Chae, Soo Hee Kim, Chung Yul Lee (2013). A study on gender differences in influencing factors of office workers' physical activity. J of Korean Academy of Community Health Nursing, 24(3), 273-281.

Yun Hee Kim, Soo Hee Kim, Chung Yul Lee (2013). Analysis of factors affecting energy drink consumption among college students. Korean J of Health Education and Promotion, 30(3), 1-12.

Soo Hee Kim, Chung Yul Lee (2013). Analysis of factors affecting unmet healthcare needs of married immigrant women. J of Korean Academy of Nursing Science, 43(6), 770-780.

Chung Yul Lee, etc. (2013). Related Factors on physical activities among female college students. J Korean Public Health Nursing, 27(3), 466-479.

Eun Hee Cho, Chung Yul Lee, etc. (2013). Drug taking behaviors of hypertensive patients based on 2008 National Survey data. J of Community Health Nursing, 24(4), 419-426.

Hun Mi Ahn, Chung Yul Lee, etc. (2013). Development of HIV prevention program for Ethiopia female adolescents. J of Health Education and Promotion, 30(5), 113-124.

Won Joo Hwang, Chung Yul Lee (2014). Effect of psychosocial factors on metabolic syndrome among blue-collar workers. Japan J of Nursing Science, 11, 23-34.

Chung Yul Lee, Jung Ae Kim (2014). Analysis of sexual experience statistics among university students. Korean Health Research, 40(3), 71-80.

Duck Hee Chae, Chung Yul Lee (2014). Development and psychometric evaluation of the Korean version of the cultural competence scale for clinical nurses. Asian Nursing Research, 8(4), 305-312.

Jung Hee Kim, Chung Yul Lee, etc. (2014). Social health decision factors and quality of life among elderly. J of Community Health Nursing, 25(4), 237-247.

Suck Hun Keun, Chung Yul Lee (2015). Affecting factors on sexual experience among middle school students using 2012 National Adolescent Survey. J Korean Academy of Nursing Science, 45(1), 76-83.

Gwang Sook Kim, Chung Yul Lee, etc. (2015). Dyadic effects of individual and friend on physical activity in college students. Public Health Nursing, 32(5), 430-439.

Chung Yul Lee (2018). News Report on 1st Breast Feeding Contest in Bangladesh. YTN Broad Cast, Feb. 27.

시어머니의 서평

평범한 수기 거니 하고 읽어 보니 읽어 갈수록 얘기에 빠져 들어 재미있고 흥미가 느껴지고 때론 감동적이며 가슴 벅찬 얘기에 계속 읽게 되었다. 물심양면으로 퍽 고달팠던 유학 시절의 애환이 진지하게 조금의 과장이나 미화되지 않고 진솔하게 이어가는 내용에 자연히 푹 빠지게 된다. 그 어려운 고비마다 긍정적 대응으로 잘 극복해 나가는 얘기에 안타까움과 찬사가 절로 난다.

또 교육적인 면이 많다. 나는 부끄러움과 자식들에게 미안하다. 나는 현명한 엄마가 아니었다고. 책을 읽으면서 많은 것을 느꼈다. 1人 5 役인 며느리는 생각보다 훨씬 훌륭하다. 계획을 1달 내지 1주일 전부터 잘 짜서 고달픈 10년의 유학 생활을 성공시켰다. 살림, 출산 육아, 교육, 생활전선, 자기 공부, 남편 조교 등등.

고달픈 유학 생활을 긍정적으로 읽는 사람들에게 부담 주지 않고 계속 읽어 갈 수 있도록 잘 썼다. 학문적인 면을 떠나 대가족 6형제 맏며느리로서 차질없이 소임을 잘해 왔다. 집안에 골치 아픈 일이 있을 때마다 긍정적으로 좋은 결론을 내려 주는 현명하고 고마운 며느리다.

참으로 내가 복이 많아서 이런 좋은 사람이 가족의 중심이 되어 집안을 평화롭게 이끌어 가니 참으로 자랑스럽고 고맙고 소중한 우리 며느리다. 언제나 맑고 명랑한 목소리로 "어머니, 오늘은 어떻게 보내셨어요" 매일 기분 좋은 안부 전화다.

이박사 감사합니다. 자랑스럽습니다. 고맙습니다.

시어머니 천옥엽, 1930년생